KB136787

나무철학

내가 나무로부터 배운 것들 —— 강판권 지음

글항아리

머 리 말

나무는 나에게 '목木숨'이었고, 인류에게도 목숨이었다. 그러나 나는 마흔
이 다 되어서야 나무가 나의 목숨을 결정할 생명체라는 것을 깨달았다.
나무와 해후한 지 15년의 세월이 흘렀지만 여전히 나무는 경외의 대상이
다. 나무와 만난 시간에 비해 나무에게 얻은 것은 헤아릴 수 없이 많고,
그 깊이는 잴 수 없을 만큼 깊다. 나는 나무를 통해 가장 기본적인 생존
에 필요한 '밥 문제'를 해결할 수 있었다. 그러나 생존에서 가장 시급했던
건 다름아닌 '자존自尊'이었다.

   자존은 스스로를 존중하는 것이다. 이는 자신이 타고난 모든 것을
온전히 수용할 때만이 가능하다. 나는 나무를 만나기 전까지 나 스스로
를 온전히 수용하지 못했다. 그간 끊임없는 콤플렉스로 기를 펴지 못하
고 살았다. 자존감의 상실이 미치는 악영향은 뭐니뭐니 해도 창의성을 발

휘할 수 없다는 것이다. 인간은 누구나 자신만의 능력을 지니고 태어난다. 그 타고난 능력을 최대한 발휘하면서 살아가는 사람은 행복하다. 나는 자존감의 상실로 내 능력을 발휘할 수 있는 기회를 스스로 만들지 못했지만, 나무를 만난 뒤에는 마음껏 기회를 발휘할 수 있었다. 세상에 존재하는 나무들은 결코 자신의 삶을 다른 나무들과 비교하지 않는다. 그런데 나는 끊임없이 나의 삶을 다른 사람의 삶과 비교하면서 살았다. 여기서 나의 창의성은 막혀버렸다. 세상에는 큰키나무만이 아니라 작은키나무도 큰키나무만큼 가치 있고, 큰키나무와 작은키나무가 조화를 이룰 때 아름다운 숲이 된다. 나는 사람도 나무처럼 살아갈 때 아름다운 세상을 만들 수 있다는 깨달음을 얻었다.

　나무의 삶은 나의 삶을 바꾸어놓았다. 나무는 위로 향하면서도 옆으로 몸집을 불린다. 나무는 시간의 삶과 공간의 삶, 즉 종적인 삶과 횡적인 삶을 동시에 사는 존재다. 그러나 인간은 대부분 시간의 삶에 집중한다. 그래서 나이에 집착하고, 나이에 집착하는 삶은 행복할 수 없다. 인간도 나무처럼 시간의 삶과 공간의 삶을 동시에 추구할 때 행복하게 살아갈 수 있다. 종횡의 삶은 가치와 의미를 추구할 때 실현될 수 있는 것이다.

　그동안 나무를 만나면서 느낀 것을 정리해 이 책에 담았다. 아직 설익은 철학이지만 용기를 낸 이유는 성숙을 위한 정리 단계가 필요했기 때문이다. 인간은 자신의 내용을 채우기 위한 시행착오를 두려워하지 말아야 한다. 나무철학 역시 다른 누굴 위해서가 아니라 오로지 나의 지혜를 키우기 위한 도전의 산물이다. 그러나 나에 대한 강성민 대표의 변함없는 믿음과 편집부의 정성이 아니었다면, 때묻은 원고는 아직도 어둡고 칙칙

한 창고에 갇혀 있었을 것이다. 아울러 이 책을 통해 독자들도 나무와 더불어 즐겁게 살아가는 '여수동락與樹同樂'의 삶을 살기를 수줍은 마음으로 기대한다.

2015년
푸른 나뭇잎 향기 바람에 날리는 날
강판권 · 쥐똥나무

제1부

순리에 맞게 변화하는

제1장

나이는 위로
먹는 게 아니라
옆으로 먹는다

나이테의 철학

        모든 생명체의 몸은 세월의 흔적을 온전히 간직하고 있다. 사람도 마찬가지다. 사람의 몸에서 세월의 흔적, 즉 나이를 가장 쉽게 확인할 수 있는 부분은 얼굴이다. 그래서 얼굴을 들여다보면 사람의 '나이테'를 알 수 있다. 사람들은 어느 순간부터 나이 먹는 것을 강하게 의식하기 시작한다. 매일 자신의 나이를 의식한다는 것은 그만큼 세월의 흐름에 민감하다는 의미다. 주로 남성보다는 여성이 얼굴을 통해 나이를 민감하게 느끼지만, 요즘은 젊은 얼굴을 직접 눈으로 보여줘야 스스로 만족할 뿐 아니라 능력의 기준으로 삼는 경우도 적지 않아서 남녀노소 없이 동안童顔을 갈망한다. 사람들은 자신의 얼굴에서 주름을 발견하는 순간 커다란 슬픔과 아픔을 느낀다. 심지어 취업을 위해서는 물론 특별한 이유가 없는 사람들까지도 얼굴을 바꾸는 성형을 시도한다.

생명체가 나이를 먹는 것은 분명 안타까운 일이지만, 누구도 피해갈 수 없는 숙명이다. 많은 사람이 그 숙명을 어떻게든 피해보고자 갖은 방법을 동원해봐도 나이 먹는 것 자체를 피할 방법은 없다. 맹자가 말했듯이, 세상에는 '하지 않는 일'과 '할 수 없는 일'이 있다. 두 가지를 제대로 구분하는 것이 무엇보다 중요한데, 세월의 흐름에 따라 나이 먹는 일은 인간이 어찌 할 수 없는 일에 해당한다. 인간이 할 수 없는 일을 할 수 있다고 우기면 불행만 닥쳐올 뿐, 할 수 없는 일은 있는 그대로 받아들이는 것이 현명한 방법이다. 나무도 인간과 마찬가지로 나이를 먹지만 세월을 거부하지 않는다. 나무는 거부하는 법이 거의 없다. 나무는 비가 오면 비를 맞고, 바람이 불면 바람을 맞고, 눈이 오면 기꺼이 눈을 맞는다. 그러나 수동적으로 비바람을 맞이하지는 않는다. 만약 나무가 마지못해 비바람을 맞이한다면 정상적으로 살아가기 힘들 것이다. 세월을 거부하지 않고 살아가는 나무의 삶을 잘 살펴보면 인간도 건강하고 행복하게 살 수 있다.

나무의 나이는 겉으로 봐도 추측할 수 있지만, 나이테를 통해 보면 좀더 정확히 알 수 있다. 나이테에는 나무가 살아온 삶이 고스란히 담겨 있다. 나이테를 통해 나무의 삶은 물론 나무가 살아온 시대까지 분석하는 학문이 바로 '연륜연대학年輪年代學, dendrochronology'이다. 연륜연대학은 나무가 이 세상에서 매우 중요한 사료임을 증명한다. 이 학문을 인정하는 사람이라면 나무의 삶이 결코 나무 혼자만의 삶이 아니라 인간의 삶과 밀접한 관계가 있다는 것을 깨달을 것이다. 사실 인간과 나무, 나무와 인간은 같은 공간에서 살아가고 있다. 연륜연대학에서 '덴드론dendron'은 그리스어

로 '나무'를, '크로노스khronos'는 '시간'을 뜻한다. 따라서 연륜연대학은 한마디로 나무의 나이를 통해 세상을 읽는 학문이다. 우리는 나이테의 폭과 하부구조를 통해 강수량과 계절을 이해할 수 있다. 폭이 넓은 나이테가 연속으로 보이면 비가 많이 내렸다는 뜻이고, 폭이 좁은 나이테가 연속으로 보이면 비가 적게 내렸거나 가뭄이 이어졌다는 뜻이다. 나무의 나이테에 결정적인 역할을 하는 강우량은 나무의 삶은 물론 인간의 삶에도 매우 중요하다. 물이야말로 모든 생명체의 원천이기 때문이다.

나무의 삶은 나이테에 고스란히 저장되어 있지만, 모든 나무가 나이테를 온전하게 만드는 것은 아니다. 어떤 나무는 나이테가 선명하지만 나이테를 확인할 수 없는 나무도 있다. 특히 열대지방의 나무는 대부분 나이테가 선명하지 않으며, 대나무는 나이테를 확인하는 것 자체가 아예 불가능하다. 우리나라에 사는 나무 가운데 나이테를 가장 잘 볼 수 있는 것은 소나무다. 소나무는 한국인이 가장 좋아하는 나무이기도 하고, 우리나라에 유일하게 설화가 전해지는 나무다. 예부터 우리나라에서는 아기가 태어나면 소나무 가지를 꺾어 무병장수를 기원했고, 소나무로 만든 집에 살다가 죽으면 시체를 소나무로 만든 관에 넣어 묻었다. 이처럼 소나무와 함께한 우리 민족은 소나무를 '으뜸'을 의미하는 '솔'이라 불렀다.

우리나라에서 유독 소나무를 좋아하는 이유는 일상에서 늘 만날 수 있고, 이 땅과 역사를 함께한 나무이기 때문이다. 그래서 한국인의 몸속에는 소나무에 대한 기억이 나무의 나이테처럼 자연스럽게 녹아 있다. 우리 지명 가운데 소나무와 관련된 것이 많다는 통계는 결코 우연이 아니다. 사람들은 소나무 잎을 통해 부부의 사랑을 노래했고, 소나무를 성찰의 대

나무
철학

상으로 삼았다. 소나무 잎은 두 개가 한 묶음으로 같이 떨어지기 때문에 이를 부부의 사랑으로 여겼고, 성찰의 대상으로 삼은 것은 나뭇잎이 푸르기 때문이었다. 사람들은 소나무를 매화, 대나무와 함께 세한삼우歲寒三友, 즉 추운 계절의 세 가지 벗 가운데 하나로 여겼다. 소나무가 한국인의 정체성을 확인할 수 있는 대표적인 나무라는 사실은 애국가 가사에 소나무가 등장하는 것만 봐도 알 수 있다. 한국인이 소나무를 통해 자신의 정체성을 확인하는 이유는 나무의 삶과 결코 무관하지 않다. 소나무는 다른 나무와 달리 영하 40도까지 내려가는 한랭한 지역이나 아주 척박한 땅에서도 거뜬히 살아갈 수 있는 힘이 있다.

지금도 농촌 마을 곳곳에서 만날 수 있는 성황당城隍堂 중에는 소나무를 숭배하는 사례가 많다. 소나무 성황당은 우리 민족의 얼이 소나무와 함께하고 있음을 보여준다. 천연기념물로 지정된 나무 중에는 소나무가 무려 40종목으로 가장 많은데, 이 역시 한국인에게 소나무가 신령스러운 나무, 즉 신목神木이기 때문이다. 나도 어린 시절에 소나무로 만든 집에서 자라고, 땔감을 만들기 위해 적지 않은 소나무를 직접 베기도 했다. 1960~1970년대 한국의 산에는 소나무가 많지 않았다. 이 시기 농촌 인근의 산은 거의 민둥산과 같았기 때문에 특히 큰 소나무는 거의 찾아볼 수 없었다. 그러나 당시 농촌은 소나무를 몰래 자르지 않고서는 생활을 유지할 수 없을 만큼 열악했다. 나는 아직도 소나무의 줄기를 자르고 나서 바라봤던 나이테를 기억한다. 나무를 자르면 바로 드러나는 나이테는 축축하다. 나이테의 축축함은 나무의 눈물이다. 따라서 나무를 막 베고 나서는 나이테를 선명하게 파악하기 힘들고 선명한 나이테를 확인하려면

물기가 완전히 마를 때까지 기다려야 한다. 이를 통해서 소나무의 삶을 온전히 파악할 수 있다.

요즘 나는 매일 연구실 소나무의 나이테를 보면서 하루를 시작한다. 연구실의 죽은 소나무는 고향에서 가져온 것인데, 이 소나무는 극적으로 내 곁에 왔다. 지금 농촌에 가면 사람이 살지 않는 집이 적지 않다. 내 고향에도 역시 빈집이 많은데, 그중 동네 형이 살던 집 근처의 한옥이 사람이 살지 않는다는 이유로 헐렸다. 고향에 계신 부모님이 한옥을 헐면서 생긴 목재를 땔감으로 사용하기 위해 집 근처에 쌓아두었고, 내가 어느 날 고향에 가 쌓아둔 소나무 목재를 당장 차에 싣고 와 탁자를 만든 것이다. 그때 보지 못했다면 지금쯤 그 나무는 재로 변하고 없었을 테니, 지금도 그날을 생각하면 등골이 오싹하다.

나이테를 바깥쪽에서 안쪽으로 세거나 안쪽에서 바깥쪽으로 세면 나무의 정확한 나이를 알 수 있다. 이렇게 나무의 나이테를 세는 두 가지 방법은 나무의 나이를 계산하는 차원에서는 같지만 다른 점도 있다. 안에서 밖으로 세는 것은 나무의 탄생에서 죽음까지의 셈법이고, 밖에서 안으로 세는 것은 죽음에서 탄생까지의 계산법이다. 나무의 나이테는 안쪽에서 바깥쪽으로 만들어지기 때문이다. 따라서 가장 바깥쪽의 나이테는 가장 최근의 생장륜生長輪, growthring, 즉 자라는 나이다. 연구실 소나무의 나이테를 바깥에서 안쪽으로 세어보니 41개다. 만약 이 나무를 2012년에 벴다면, 여기서 41을 뺀 숫자가 나무의 나이다. 이 소나무는 1971년생이다.

나무의 나이테에서 바깥쪽은 변재邊材이고, 가운데는 심재心材다. 물관세포가 있는 바깥쪽 변재는 살아 있지만, 안쪽인 심재는 죽었다. 그래서 나무는 삶과 죽음, 죽음과 삶이 철저하게 공존한다. 나무는 죽은 것으로 안쪽을 빈틈없이 채우면서 삶을 유지한다. 나무는 죽음을 끌어안고 서야 살아갈 수 있다. 이에 반해 인간은 대부분 죽음을 두려워한다. 나이 먹는 것 자체를 두려워하고 거부한다. 인간이 나이 먹는 것을 두려워하는 이유는 우리가 나무와 다른 삶을 살기 때문인지도 모른다. 만약 나무처럼 살아간다면 나이를 먹더라도 크게 두려워하지 않을 것이다.

늙어감에 대한 두려움은 나이를 '수직'으로 생각하기 때문이다. 나이를 수직으로 생각하면 나이가 한 해마다 한 살씩 축적된다. 그래서 사람들은 어느 시점에 이르면 한 해 한 해를 두려운 마음으로 바라보게 된다. 나무 역시 한 해가 지날 때마다 한 살씩 나이를 먹지만 결코 나이를 수직으로 축적하지 않는다. 나무의 나이는 수평이다. 나무의 이런 삶이 바로 사람보다 오래 사는 비결이 아닐까 싶다. 나이바퀴를 의미하는 '연륜'을 이해하면 나무가 사는 법을 알 수 있다. 인간은 왜 나이를 바퀴에 비유했을까. 인간 스스로 나이를 바퀴에 비유했다면 나이 먹는 것을 두려워할 필요가 없다. 바퀴는 둥글고, 둥근 것은 시작도 끝도 없다.

나무는 수평으로 나이를 먹으면서 몸을 둥글게 만든다. 그래서 나무의 나이테는 진정한 연륜이다. 나무가 어떻게 해서 몸을 둥글게 만들 수 있었는지 그 비결을 아는 순간 비로소 인간도 나이를 의식하지 않고 평온하게 살아갈 길이 열릴지도 모른다. 나무는 곁에서 보면 앞뒤의 구분이 없다. 어디가 앞이고 어디가 뒤인지를 구분하지 않았다는 것은 모나지 않고 둥글게 살았다는 뜻이다. 나무는 수직과 수평, 종과 횡을 막힘없이 살았기 때문에 몸을 둥글게 만들 수 있었다. 더욱이 나무는 매일 평등하고 공

소나무의 나이테.

평한 하늘의 기운을 먹고 성장한다. 나무가 둥근 것은 막힘도 없고 평등하며 공평한 하늘을 닮았기 때문이기도 하다. 나무의 줄기는 위로 향하지만 뿌리는 아래로 향하고, 나이테는 수평으로 뻗는다. 한쪽은 위로 향하면서 다른 한쪽은 아래로 향하는 절묘한 조화가 바로 나무의 삶이다. 수평으로 늘어나는 나무의 나이테를 알고자 한다면 가지를 보라. 줄기가 위를 향할 때 가지는 옆으로 뻗는다. 나무는 햇볕을 먹기 위해 수직 상승하는 힘만큼 '수평 살이'에도 같은 힘을 쏟는다. 그래야만 균형을 잡을 수 있기 때문이다.

나무의 나이테는 그 간격이 일정하지 않다. 인간의 얼굴에 나타나는 주름도 마찬가지다. 삶의 흔적이 해마다 다르기에 나무의 나이테는 간격이 일정하지 않고 사람의 주름도 하나하나 다르다. 연구실에 있는 소나무 나이테의 각기 다른 모양은 나무가 해마다 다른 삶을 살았다는 뜻이다. 사람들은 간혹 하루, 한 달, 일 년을 별 다를 바 없이 그저 살아간다고 생각하지만 사실은 그렇지 않다. 소나무 나이테도 언뜻 보기에는 큰 차이가 없지만, 자세히 들여다보면 그 작은 차이가 엄청난 변화다. 나이테 하나하나가 각기 1년 동안 겪었던 무수히 많은 일을 간직하고 있기 때문이다.

나무의 나이테는 한 존재가 '결'대로 살아왔는지를 보여주는 좋은 사례다. 연구실 소나무는 심재에 십자가 모양의 검은 무늬가 있다. 그 무늬 중 두 곳에는 옹이가 있고, 검은 무늬는 20살까지 뻗어 있다. 검은 무늬는 옹이가 만든 것이다. 연구실 소나무는 공자가 말한 불혹의 나이 40년을 살면서 그중 20년을 큰 고통 속에 살았다. 소나무의 전반부 삶이 얼마나 고통스러웠는지는 전반부와 후반부의 나이테 간격을 살피면 금방 알 수 있다. 전반부의 나이테는 후반부의 나이테보다 간격이 좁다.

'결'은 곧 무늬다. 누구나 결대로 살고 싶어하지만, 살다 보면 결대로 살지 못하고 '옹이'를 만나게 된다. 나무의 옹이는 곧 외부의 상처다. 즉 외상이 깊어 안에서 생긴 고통의 흔적이다. 이 세상 어느 누구인들 옹이 없이 살아가는 사람이 있을까. 누구나 옹이 하나쯤은 안고 산다. 옹이가 있다고 해서 불행한 것은 아니다. 옹이는 나무의 삶을 강하게 만드는 희망의 에너지다. 옹이를 만나면 톱마저 지나가기 어렵다. 그래서 하나의 옹이는 나무의 몸 전체를 보호한다. 살면서 생기는 고통은 그 당시에는 무척 견디기 힘들지만 한번 이기고 나면 훨씬 자신감을 가지고 살아갈 수 있다. 옹이는 일종의 견디는 힘, 즉 내성耐性이다. 나무가 비바람을 견디는 것 역시 살아가면서 만든 내성 때문이다. 사람도 마찬가지로 내성 없이는 거친 세상을 살아갈 수 없는 존재다.

나이는 모든 생명체의 역사다. 사람도 나무처럼 나이를 몸속에 담고 있다. 한 민족이 자신들의 역사를 부정하는 순간 정체성을 잃는 것처럼, 인간도 나이를 부정하는 순간 자신을 잃어버릴 것이다. 나이 먹는 것을 두려워하거나 심할 경우 나이를 속이는 것은 곧 자신을 부정하는 일이다. 설령 속이더라도 몸속의 나이는 결코 지워지지 않는다. 인간이 자신의 나이를 사랑해야 하는 이유는 나이라는 시간이, 그간 살아온 세월이 몸을 유지하는 버팀목이기 때문이다. 한 생명체의 몸은 혼자서 유지될 수 없다. 몸은 나이라는 시간을 빈틈없이 차곡차곡 쌓을 때 비로소 생명력을 유지할 수 있다. 그런데 사람들은 종종 몸으로 시간을 먹으면서 그것을 소화시키지 않고 몸 밖으로 토해내려고 한다. 시간을 쌓지 않고 밖으로 내보내

려 하는 태도는 매일매일 살았던 인생을 부정하는 일이다. 인간은 시간 밖에서 존재할 수 없다. 나무는 자신이 살았던 시간을 간직하면서 나이테를 만들어간다. 나무의 나이테는 시간이 온전히 축적된 결과다. 그러므로 나이테를 많이 만들수록 삶의 지혜는 깊어진다.

나이 먹는 것을 두려워하거나 걱정하기보다는 어떻게 하면 촘촘한 나이테를 만들 수 있을까 고민하는 것이 지혜롭다. 얼굴의 주름을 보면서 한숨짓기보다는 주름 속에 담긴 이야기를 찾아내는 것이 현명하다. 오래 사는 나무가 인간을 비롯한 다른 생명체들에게 많은 것을 선물하듯, 나이든 사람도 젊은 사람들에게 많은 것을 줄 수 있다. 나무가 나이를 먹어가며 다른 존재들에게 베풀면서도 자신의 성장과 성숙을 거듭하는 것처럼, 인간 역시 나이를 먹어감에 따라 남에게 많이 베풀면서 한층 더 성숙해질 수 있다. 매일 위로 성장하면서 옆으로 나이를 먹는 나무처럼 살아가는 사람은 세상에서 가장 위대하고 행복하다.

제2장

겨울을 견디기 위해
잎을 물들이고,
잎을 물들여
자신의 색깔을 드러내다

단 풍 의 철 학

어느 극極에도 치우치지 않는 것이 바로 '중용中庸'과 '중도中道'다. 그러나 극을 알고 극을 거쳐야만 진정 극에서 벗어나 중용과 중도를 실천할 수 있다. 따라서 극은 삶에서도 중요하다. 지구의 남극과 북극이 중요하듯, 우리나라 태극기의 태극은 만물을 낳는 우주의 궁극적인 원리다. 극은 뭇별을 관장하는 북극성을 의미하고, 세상에서 가장 아름다운 빛을 의미하는 오로라를 극광이라 부르기도 한다. 나무는 극과 극에서 머물지 않는 중용과 중도를 실천하는 존재다. 동시에 역설적이게도 극을 만들면서 극에서 벗어나는 존재다. 나무가 만드는 극이 바로 '단풍丹楓'이다.

　일반적으로 단풍은 식물의 잎이 물든 상태를 의미하지만, 개념상으로는 단풍나무가 물든 상태를 말한다. 이는 아마 물든 단풍나무가 사람들에게 가장 아름답게 보였기 때문일 것이다. 식물학자들이 나무의 이름에 단풍을 붙인 것도 그런 이유인 듯하다. 단풍은 단풍나뭇과의 단풍나무 잎이 붉게 물든 상태다. 단풍나무는 '풍楓' 자에서 알 수 있듯이 바람과 밀접한 관계가 있다. 단풍나무의 열매는 바람을 타고 날아갈 수 있도록 프로펠러 날개처럼 생겼다. 나무는 철저하게 후손을 남기기 위해 진화한다. 단풍나무가 열매를 프로펠러 날개처럼 만든 것도 같은 이치다. 그래서 단풍나무는 바람을 무척 사랑할 수밖에 없다. 단풍나뭇과에 속하는 나무의 열매 대부분이 프로펠러 날개처럼 생겼지만 특히 단풍나무의 열매는 두 날개가 가장 길게 쭉 뻗었다. 이런 특징 역시 바람을 타고 잘 날아가기 위한 고도의 전략이다. 단풍나뭇과에 속하는 나무 중에서 단풍나무 이상으로 붉게 물드는 나무는 복자기와 당단풍이 있다.

가을 단풍을 극찬할 때 흔히 '만산홍엽滿山紅葉'이라 한다. 그러나 가을 산의 단풍을 본 사람들은 '온 산이 붉은 잎'이라는 뜻의 이 말 앞에서 고개를 갸우뚱할 것이다. 사실 우리나라 산은 가을에 붉은 잎으로 가득하지 않다. 가을 단풍으로 유명한 내장산, 설악산 등에 올라가거나 헬기로 촬영한 가을 산의 모습을 보면 붉은 잎으로 가득하다는 느낌이 들지 않는다. 단풍나무의 잎은 붉지만 식물의 잎이 모두 붉은 것은 아니기 때문이고, 우리나라 산에는 잎이 붉게 물드는 단풍나무 외에 잎이 붉지 않은 나무가 아주 많기 때문이다.

나는 나무를 공부하면서 식물학자들의 관심이 주로 꽃에 있다는 것을 알았다. 이를 어떻게 알 수 있느냐 하면 적지 않은 나무도감이 꽃 색깔별로 나뉘어 편집되어 있기 때문이다. 그래서 꽃만큼이나 잎을 중시하는 사람들은 도감을 통해 나뭇잎의 물든 상태에 대한 구체적인 정보를 얻

나무
철학

기가 쉽지 않다. 나무는 필요에 따라 잎을 먼저 만들기도 하고, 꽃을 먼저 만들기도 한다. 열매부터 맺고자 하는 나무는 꽃을 먼저 피우지만, 열매를 늦게 맺고자 하는 나무는 잎을 먼저 만든다. 우리나라 나무 중에는 꽃을 먼저 피우는 나무보다 잎을 먼저 만드는 나무가 많다. 그렇다면 꽃 색깔별 분류와 함께 잎이 물드는 색깔별로 나무를 분류할 필요성도 있다.

단풍은 나무의 입장에서 보면 자신의 일부를 죽이는 일이다. 그러니 갈잎나무는 1년에 한 번씩 자신의 일부를 죽이는 존재다. 나무의 단풍을 생각하면, "반드시 죽고자 하면 살고, 반드시 살고자 하면 죽는다必死即生. 必生即死"는 이순신의 명언이 떠오른다. 나무가 잎을 물들이는 과정은 곧 나무가 사는 방법이다. 나뭇잎의 형형색색 빛깔은 사실 본색本色이 드러난 것이다. 나무든 사람이든 밖으로 드러나는 것은 내면에 존재하는 무언가가 표출되는 것이지 내면과 관계없을 수는 없다. 갈잎나무는 자신만의 색깔을 나뭇잎에 품고 있으면서 1년마다 밖으로 드러낸다. 나뭇잎은 인간이 특별히 개량한 경우를 제외하면 초록색을 띠고, 초록색을 나타내는 색소를 엽록소葉綠素라 부른다. 그런데 나뭇잎에는 엽록소 외에도 '카로티노이드carotinoid'가 들어 있다. 카로티노이드는 잎뿐만 아니라 다른 부분에도 들어 있기 때문에 뿌리, 꽃, 열매는 익으면 색깔이 각각 달라진다. 카로티노이드는 이탈리아어로 '자유인'을 의미하는 리베로libero에 해당된다. 운동경기에서 리베로가 수비수이면서 공격에도 적극 가담하는 선수인 것처럼, 카로티노이드는 한편으로 빛을 모으는 광합성光合成 때 청색 빛과 보랏빛을 흡수해서 빛의 흡수율을 높이고, 다른 한편으로는 강한 빛이 엽록소를 파괴시키는 것을 방어하는 역할을 한다.

나무
철학

식물에는 카로티노이드수와 함께 1000가지 종류의 플라보노이드가 존재하고, 그중에서도 안토시아닌 그룹이 식물의 꽃, 잎, 열매의 붉은색, 보라색, 청색 등을 나타낸다. 나뭇잎의 색깔은 카로티노이드와 안토시아닌의 합성 비율에 따라서 달라진다. 즉 붉은색 잎은 카로티노이드와 안토시아닌의 합성이 많다는 뜻이다. 또한 나뭇잎의 색깔은 온도 변화에 따라서도 상당히 다를 수 있다. 엽록소는 기온이 낮아지면 파괴되고 카로티노이드는 그대로 남지만, 기온 차이에 따라 안토시아닌의 합성이 달라지기 때문에 색깔이 변한다. 예컨대 가을에 비가 적게 와 가뭄이 이어지고 기온이 갑자기 떨어지면 엽록소의 파괴 속도가 빨라지기 때문에 색깔이 선명해진다. 인간은 나무가 이런 상태일 때 무척 감동한다. 나무의 입장에서 보면 이는 결코 좋은 조건이 아닌 상태에서 인간이 얻는 행운이다. 나무의 삶은 고통과 죽음 속에서도 다른 존재에게 큰 감동을 준다.

우리나라 나무 중에서 잎이 붉게 물드는 나무는 단풍나뭇과의 단풍나무, 당단풍, 복자기, 옻나뭇과의 붉나무, 장미과의 마가목, 벚나무, 팥배나무 등을 들 수 있다. 그러나 단풍, 당단풍, 복자기를 제외한 나머지는 산을 붉게 물들일 만큼 큰 비중을 차지하지 못한다. 오히려 한국의 산에는 붉은색을 띠는 나무보다 노란색을 띠는 나무가 많다. 산을 노랗게 물들이는 나무는 뭐니뭐니 해도 참나뭇과의 상수리나무와 굴참나무다. 어떤 산은 상수리나무와 굴참나무 덕분에 만산홍엽이 아니라 '만산황엽滿山黃葉'이다. 우리 주변만 봐도 붉은색 나뭇잎보다 노란색 잎이 많다. 노란색을 띠는 나뭇잎 중 단연 돋보이는 것은 은행나무다. 콩과 나무도 대부분 노란색을 띤다. 주위에서 흔히 볼 수 있는 콩과 나무는 아까시나무, 회화

나무, 박태기, 등, 칡, 싸리 종류가 있다. 뽕나뭇과의 뽕나무, 닥나무, 칠엽수과의 마로니에, 벽오동과의 벽오동, 현삼과의 오동나무, 물푸레나뭇과의 물푸레나무, 쥐똥나무, 수수꽃다리, 목련과의 목련과 목백합 등도 잎이 노란색으로 물든다. 그러나 같은 노란색을 띠고 있더라도 속씨식물과 겉씨식물은 좀 다르다. 겉씨식물인 은행나무는 절대적으로 노란색만 띠는데, 그 이유는 안토시아닌 계열의 색소를 만들지 않고 꽃잎이 없기 때문이다.

　나뭇잎의 모양이나 물든 색을 자세히 살펴보면 나무의 색깔, 즉 정체성整體性, identity을 알 수 있다. 어떤 생명체든 자신의 정체성을 드러낼 때 행복하다. 나무가 잎을 통해 색깔을 드러내듯, 사람도 각자의 정체성을 드러낼 수 있을 때 행복해진다. 그러나 이런저런 사정으로 정체성을 드러내지 못하면서 살아가는 사람이 많다. 집단성을 중시하는 한국 사회는 가정, 회사를 막론하고 개인이 정체성을 온전히 드러내면서 살기가 참 어렵다. 쉽지는 않지만 자신을 드러내는 삶의 지향은 삶의 가치를 찾는 일이다. 정체성을 드러내지 못하면 그 사람은 결코 아름답지 않다. 많은 사람이 가을에 잎이 물든 모습을 보면서 나무를 아름답게 생각하는 것도 나무마다 각각 색깔을 갖고 있기 때문이다. 나뭇잎의 형형색색, 각양각색이 사람을 즐겁게 만드는 것처럼 사람도 각자의 색깔을 드러내야만 세상이 아름다워질 수 있다.

　내 정체성만큼 중요한 것이 다른 존재의 정체성을 인정하는 일이다. 나무는 각자의 색을 만드는 데 집중하느라 다른 나무가 어떤 색을 만드는지 간섭할 여력이 없다. 다른 존재가 자신의 색깔을 드러내도록 적극적으로 협조하는 것이 배려다. 남의 입장을 고려해서 도와주더라도 상대가 정

체성을 드러낼 수 있도록 해야 진정한 배려라는 말이다. 이를 실천하는 것은 쉽지 않지만, 진정한 배려야말로 모든 생명체가 추구해야 할 숭고한 가치다.

한국 사회는 배려에 인색하다. 근대사회 이전의 성리학적 가치에 무척 익숙하기 때문이다. 가족을 중시하는 성리학은 가족 구성원 개인보다는 가족 혹은 국가 전체의 정체성에 대한 관심이 각별하다. 그래서인지 나뭇잎의 색깔을 결정하는 데 매우 중요한 기후를 전하는 기상캐스터의 일기예보마저 집단성을 강조한다. 요즘의 일기예보는 기후를 생활과 연관시켜 설명한다. 그만큼 기후가 사람들의 일상에 미치는 영향이 크기 때문이다. 일기예보에서는 날씨가 맑으면 "오늘은 외출하기 좋은 날씨입니다. 오늘은 빨래하기 좋은 날씨입니다"라고 한다. 기상캐스터의 말대로라면 반드시 날씨가 맑으면 외출을 하거나 빨래를 해야 할 것 같다. 그러나 외출과 빨래는 지극히 개인적인 문제이고, 각자 선택의 문제다.

나뭇잎의 색깔은 이파리 하나라도 같은 것이 없다. 한 그루의 단풍나무 잎은 대충 보면 붉은색이지만 자세히 보면 모두 다르다. 단풍잎이 아름다운 것도 붉고 고와서라기보다 잎마다 각자의 색깔을 갖고 있기 때문이다. 잎마다 농도가 다른 단풍나무를 보면 평소에 보지 못했던 나무의 또 다른 모습을 발견할 수 있다. 아울러 물든 잎은 앞과 뒤가 다르다. 잎의 앞뒷면을 제대로 보려면 나무 밑으로 들어가야 한다. 나무 아래에서 위를 바라보는 순간, 놀라운 광경이 펼쳐질 것이다. 나무를 멀리서 보는 것과 가까이서 보는 것은 사뭇 다르다. 그러나 많은 사람이 멀리 떨어진 곳에서 나무를 보고 나무를 다 이해한 것으로 착각한다. 물론 가까이서 본다고 반드시 나무를 정확하게 이해할 수 있는 것은 아니지만 밑으로 들어가서 보면 훨씬 제대로 볼 수 있다. 나무 밑에서 나무를 들여다보면 그 속을 볼 수 있다. 잎의 경우도 뒷면을 보면 잎맥까지 선명하게 파악할 수 있다. 나무의 잎맥은 나무가 성장하도록 만드는 핏줄과 같다. 나뭇잎마다 잎맥이 다른 것도 나무의 정체성이다. 특히 나무 밑에 들어갔을 때 햇살이 비춰 잎맥이 한층 선명해지는 장면, 나는 이 순간을 감상하는 것을 무척 즐긴다.

나무 밑에 들어가면 마치 나무의 양면성을 보는 듯하다. 사람들은 양면성을 부정적으로 평가하지만, 나는 모든 존재가 양면성을 넘어 다면성을 가지고 있다고 믿는다. 어떤 존재도 단면성만으로는 살아갈 수 없다. 모두가 다면성을 갖고 살아가지만 보는 사람이 한 면만을 강조할 뿐이다. 그러므로 다면성은 나무와 인간의 정체성이다. 문제는 다면성을 제대로 드러내지 못할 때이다. 나무는 한평생 다양한 모습을 마음껏 발휘하면서 살아가지만 인간은 양면성마저도 드러내지 못하고 죽는다. 배우만이 다양한 삶을 살 자격이 있는 것이 아니라 누구든지 자신의 정체성을 드러낼 자격이 있다.

나무는 대부분 잎을 자신의 몸에서 먼 곳부터 물들인다. 나무가 한꺼번에 모든 잎을 물들이지 않는 것은 무엇보다 에너지의 분배 때문일 것이다. 나무는 잎을 얼마나 만들어야만, 아울러 잎의 어느 부분을 먼저 물들여야만 자신이 살 수 있는가를 고민할 수밖에 없다. 나는 나무가 시간 차를 두고 잎을 물들이는 장면을 즐긴다. 같은 나무에서 각각 색깔이 다른 잎을 볼 수 있다는 것은 무척 행복한 일이다. 시간 차를 두고 잎을 물들이는 모습은 자신의 일부를 죽음으로 이끄는 과정이다. 단풍을 즐기는 인간의 모습은 나무의 죽음 일부에 대한 찬양이다. 엄격히 말하면 나무에게 단풍은 자신이 살아남기 위한 몸부림에 지나지 않지만, 이러한 몸부림은 마치 공자가 말한 선공후사先公後私, 즉 "공적인 것을 먼저 하고, 사적인 것을 뒤에 하는" 인仁의 실천이다. 공자가 말했듯이, 내가 살려면 남을 일으켜 세워야 한다. 내가 살려면 나의 몸 일부를 도려내야 한다.

이 세상에 변하지 않는 것은 없다. 나무가 잎을 물들이는 것도 자신을 위한 큰 변화다. 내년에 새로운 잎을 얻기 위해서는 애지중지하던 올해의 잎을 죽여야 한다. 삶과 죽음은 둘이 아니라 하나다. 삶과 죽음이 하나라면 삶도 내 것이 아니고 죽음도 내 것이 아니다. 삶과 죽음, 극과 극 어디에도 머물지 않고 살아가는 것이 나무라면, 그런 삶을 유지하는 나무가 위대하다면, 그런 삶이 행복을 보장한다면, 인간도 기꺼이 자신이 소유한 그 무엇을 버려야만 행복해질 것이다.

계명대 교정에는 내가 2학기 수업 때마다 학생들을 데리고 가는 단풍나무가 있다. 가장자리에 5~7개씩 갈라진 단풍나무 잎은 젊은 학생들의 고운 피부마저 부끄럽게 할 만큼 곱다. 흰빛이 약간 돌고 털이 있는 잎의 뒷면에서 가장자리의 겹 톱니까지 확인하면 모차르트의 레퀴엠(진혼곡)처럼 나뭇잎의 죽음을 훨씬 장엄하게 느낄 수 있다. 죽음은 누구에게나 두렵다. 생명체가 죽음을 두려워하는 것은 오래도록 건강하고 행복하게 살고자 하는 욕망이다. 그러니 죽음을 두려워하기보다는 어떻게 살 것인지를 고민하자. 지혜로운 사람은 죽음이 결코 축복일 수는 없어도 치열한 삶 속의 단풍처럼 아름다운 죽음이 있다는 것을 안다.

가을날, 단풍나무가 물들인 잎을 정확하게 보았다가 떨어지면 주워서 책 속에 넣어 말려보자. 어린 시절 나뭇잎을 주워서 친구에게 편지를 쓰곤 했던 추억도 함께 책 속에 넣어보자. 다시 봄이 되어 단풍나무가 잎을 만들 즈음 말려두었던 잎을 꺼내서 나무에게 가보자. 말린 잎을 봄에 새로 돋은 잎과 비교해보면 모양이 같은지 다른지를 알 수 있을 뿐 아니라 죽은 잎이 어떻게 새 생명으로 탄생하는지 확인할 수 있을 것이다.

제3장

보태지도
덜지도
않는다

낙 엽 의 철 학

나무는 갈잎나무든 늘푸른나무든, 키
가 크든 작든 잎을 만들어야만 살아갈 수 있다. 잎은 나무가 햇볕을 받
아들이는 통로다. 그러나 나무는 잎을 만들기만 하는 게 아니라 버리기
도 한다. 나무의 잎은 장소에 따라 크기가 달라진다. 특히 햇볕을 받기 어
려운 곳에서는 잎을 크게 만든다. 크게 만든 잎을 통해 햇볕을 많이 받
아들이는 장면을 보고 있노라면 낮은 자의 자세가 어떤 모습이어야 하는
지를 깨닫는다. 나무도 살기 위해서는 다른 나무와 끊임없이 경쟁을 벌일
수밖에 없다. 최악의 경우에는 큰 나무에 가려 햇볕을 제대로 받지 못할
수도 있다. 그런 상황에 처한 나무들은 해를 쬐기 위해 자신의 목숨을 건
다. 나는 산에서 이런 장면을 만나면 발걸음을 멈추고 서서 한참 동안 바
라본다. 설령 키가 큰 나무일지라도 줄기 아래쪽에서 돋은 잎들은 위쪽에

달린 잎보다 훨씬 크다. 잎의 모양과 크기에는 나무의 생존전략이 담겨 있다. 나무가 잎을 만드는 것이 생존전략이라면 잎을 떨어뜨리는 것 역시 마찬가지다. 나는 나무들이 잎을 모두 떨어뜨린 겨울의 나목을 다른 계절의 나무 못지않게 좋아한다. 내가 나목을 좋아하는 이유는 박완서의 성장소설 『나목』, 박수근의 그림 「나목」을 좋아하기 때문만은 아니다. 그 이유는 아주 단순하다. 나무의 속살을 볼 수 있기 때문이다.

갈잎나무는 여름과 겨울의 모습이 확연히 다르다. 특히 수백 년을 살아가고 있는 느티나무의 경우, 여름에는 무성한 잎으로 몸집이 엄청나게 커 보이지만, 잎 떨어진 겨울에는 여름의 우람한 모습을 찾아볼 수 없다. 전국에는 천연기념물이나 보호수 느티나무가 많다. 느티나무는 한국의 마을 어귀마다 한 그루 정도는 살고 있을 만큼 흔하지만, 흔하기 때문에 위대하다. 나는 그 어떤 느티나무보다 동네 어귀에 살고 있는 커다란 느티나무가 사랑스럽다. 사람들의 희로애락을 품고 있는 나무이기 때문이다. 특히 충북 괴산군 장연면 오가리의 세 그루 느티나무와 충남 아산의 구괴정九槐亭에서는 느티나무의 오롯한 모습이 느껴진다.

느티나무는 아주 야무지다. 한국을 대표하는 사찰 중 하나인 경상북도 영주 부석사 무량수전의 기둥, 성리학의 정신을 고스란히 품고 있는 대구광역시 달성군 현풍면 도동서원 강당의 기둥을 느티나무로 만든 것도 느티나무의 야무진 성질 때문이다. 내가 느티나무를 좋아하는 이유 중 하나는 일반적으로 빨리 자라는 나무는 속이 단단하지 않은 데 비해 느티나무는 빨리 자라면서도 속이 단단하기 때문이다. 아마도 느티나무가 많은 사람에게 사랑받는 이유도 이 같은 탁월한 능력 때문일 것이다. 다른

충북 괴산군 오가리 느티나무(천연기념물 제382호).

많은 지역 가운데 특히 충북 괴산의 느티나무에 내가 큰 관심을 두는 것은 괴산이 우리나라에서 느티나무를 가장 사랑하는 지역이기 때문이다. 괴산의 '괴槐'는 바로 느티나무를 의미한다. 그러나 느릅나뭇과의 느티나무에 대해서는 각별히 조심할 게 있다. 우리나라 사람들이 알고 있는 느티나무가 중국에서는 회화나무로 불린다는 사실이다.

만약 중국 사람들이 괴산에 도착해서 한자로 된 지명을 보면 괴산을 회화나무가 많은 지역이라 생각할 것이다. 우리나라에서는 중국의 나무 관련 한자를 우리 식으로 바꾼 경우가 종종 있었는데 느티나무도 여기에 해당된다. 괴산의 오가리 사람들이 느티나무를 한 그루가 아닌 세 그루 동시에 심은 것도 나름 이유가 있다. 괴산의 느티나무가 세 그루인 이유를 모르고 가면 그저 우연히 세 그루인 줄로 이해할 것이다. 세 그루의 느티나무는 큰 인물을 배출하고자 하는 강한 욕망의 산물이다. 중국이나 우리나라의 성리학자들은 나무를 통해 인물의 탄생을 갈구했는데, 중국에서 회화나무를 의미하는 '괴'는 선비를 상징하는 나무였다. 세 그루를 심은 것은 임금 다음으로 높은 벼슬, 즉 삼공三公을 상징했고 그래서 회화나무를 느티나무로 인식한 우리나라 사람들도 세 그루를 심었던 것이다. 충남 아산의 구괴정은 맹사성, 황희, 권진 정승 세 사람이 각각 느티나무를 세 그루씩 심었기 때문에 생긴 이름이다. 그러나 안타깝게도 오가리와 달리 구괴정에는 현재 한 그루의 고목 느티나무만 남아 있다.

같은 느티나무라도 잎이 큰 것이 있고 작은 것이 있다. 잎이 크든 작든 여름철 오가리의 느티나무는 마치 작은 동산 같다. 봄철 산의 나무들이 잎을 만들면서 마치 부풀어 오르는 것처럼 풍성한 모습을 하고 있다.

나무
철학

여름철 느티나무 속에 들어가면 무성한 잎에 가려 하늘을 볼 수 없지만, 잎 떨어진 겨울철 느티나무 아래에서는 하늘을 볼 수 있다. 나무는 잎을 만들고 버리기를 죽을 때까지 반복한다. 한번 만든 잎을 평생 동안 달고 살아도 괜찮을 성싶지만 나무가 그렇게 하지 않는 이유는 무엇일까.

나무는 잎을 축적하지 않는다. 그러나 인간은 축적에 익숙하다. 인류의 역사는 아마 축적의 과정일지도 모른다. 축적의 개념은 신석기 시대에 인류가 농사를 짓기 시작하면서 만들어졌다. 인류는 생산수단을 발달시키면서 끊임없이 축적의 양을 늘려왔다. 최근 이른바 재테크에 대한 관심이 높아지면서 언론에서는 재산 늘리기와 재산 순위 경쟁을 크게 보도하고 있다. 적지 않은 사람이 재산을 늘리는 데 혈안이 되어 있고, 친구들 모임에서도 재산에 대한 이야기가 늘 빠지지 않는다. 재산이 많은 사람은 자랑삼아 이런 이야기를 하지만 그렇지 않은 사람들은 상대적인 박탈감에 간혹 좌절하기도 한다. 그러나 재산이 부족한 사람들이 아니라 오히려 넉넉한 사람들이 좌절하는 경우가 많다는 게 문제다. 재벌 가문 내에서 가족끼리 싸우는 경우를 보면 금방 알 수 있다. 먹고살 돈이 부족해서 다투는 게 아니라 상대보다 한층 많이 가지려고 혈육 간에 분쟁이 일어난다. 재벌만이 아니라 보통 사람들도 부모의 유산을 두고 다투기는 마찬가지다.

나무가 사람과 달리 한 해 동안 만든 잎을 미련 없이 떨어뜨리는 것은 천지의 도道가 그러하기 때문이다. 기원전 2세기경 중국의 작품인 『회남자淮南子』에서 언급하고 있듯이, 천지의 도는 극에 달하면 돌아오고 가득 차면 기운다. 잎이 무성하면 떨어지는 자연의 이치에 따라 잎을 떨어

뜨리는 모습이야말로 위대하다. 인간도 그동안 나무처럼 살기 위해서 많은 노력을 기울였다. 우리는 석가, 예수, 공자 등을 세계 삼대 성인이라 부른다. 성인이라 불리는 이들의 중요한 공통점 중 하나는 나무를 닮았다는 것이다. 나무가 잎을 떨어뜨리는 행위는 자신의 무게만큼만 잎을 간직하다가 어느 시점이 되면 버리는 것이다. 무언가를 많이 소유한다는 것은 상대적이지만, 절대적인 기준은 자신을 유지할 수 있을 만큼 소유하느냐의 여부다. 재산 역시 자신의 몸을 유지할 수 있을 정도로 가졌을 때는 가치가 있지만, 그 이상을 넘어가면 무의미하거나 오히려 불행을 낳는다. 나무가 한 해 동안 목숨을 걸고 만든 잎을 가을에 떨어뜨리는 것은 그 이상 잎을 소유하는 순간 자신의 목숨을 유지하기 힘들다는 것을 잘 알기 때문이다. 성인들 역시 나무처럼 자신의 몸을 지탱할 수 있을 만큼만 소유하길 원했다. 유교, 불교, 기독교 등에서 공통적으로 욕망의 절제를 강조하는 것도 나무의 삶을 닮으려는 태도와 크게 다를 바 없다.

나무가 잎을 떨어뜨리는 행위는 나무의 자기 성찰이다. 성찰은 인간의 전유물이 아니라 모든 생명체가 지니고 있는 삶의 방식이다. 그래서 자기 성찰의 시간을 얼마나 갖느냐에 따라, 그리고 성찰을 통해 얼마나 실천하느냐에 따라 삶의 질도 달라진다. 나무가 오래 살아남는 것도 성찰이 많고 깊이가 있기 때문이다. 성찰의 핵심은 자신을 정확하게 보는 것이다. 그래서 본다는 의미의 한자 '상相'은 나무를 본다는 뜻이다. 이는 곧 나무의 삶을 본다는 의미다. 갈잎나무가 1년마다 잎을 만들고 잎을 떨어뜨리는 성찰의 행위는 바로 사람들이 제대로 봐야 할 나무의 참모습이다.

나무는 잎을 떨어뜨린 뒤에야 자신을 본다. 잎을 만들 때는 오직 만드는 데 골몰한 나머지 자신을 돌아볼 시간이 부족한 것이다. 나무는 잎을 떨어뜨리는 순간 비로소 진정한 자신의 모습을 돌아볼 시간을 갖는다. 잎이 무성한 나무 안에 들어가면 잎을 보느라 나무의 몸을 제대로 살필 수 없듯이, 나무도 잎을 떨어뜨린 뒤에야 온몸으로 하늘의 기운을 받을 수 있다. 잎을 떨어뜨린 뒤 맞이하는 하늘의 기운은 잎을 만들 때와는 사뭇 다르다. 나무는 잎을 버린 뒤 하늘을 향해 온전히 자신의 몸을 드러낸다. 나무가 하늘을 향하는 행위는 지금까지 한 점 부끄러움 없이 살았다는 오만이 아니라 하나도 남김없이 자신을 드러내는 것이야말로 온전한 성찰임을 의미한다.

생명체가 당당하게 살아가기 위해서는 자신을 당당하게 드러낼 줄 알아야 한다. 숨김없이 자신을 드러낼 때 진정한 자아를 발견할 수 있다. 나무가 자신을 드러낼 수 있는 것은 떨어진 잎에 미련을 갖지 않기 때문이다. 인간은 온전히 자신을 드러내기를 망설인다. 이는 자신의 몸을 지탱하고도 남는 무언가에 계속 미련을 갖고 있기 때문이다. 나무는 이미 떨어뜨린 것이 자신의 몫이 아니라는 걸 잘 알고 있다. 낙엽이 바람에 뒹굴면서 나무 곁으로 다가가도 나무는 낙엽에 눈길을 주는 법이 없다. 사람들이 낙엽을 밟으면서 낭만을 즐기거나 낙엽을 빗자루로 쓸면서 투덜거리더라도 절대 관심을 갖지 않는다. 나무는 떨어진 잎보다는 자신이 새로이 만들 잎에 관심이 있을 뿐이다. 낙엽은 나무 자신이 스스로 떨어뜨린 것이거늘, 어찌 다시 그것에 관심을 두겠는가.

세상에서 가장 어리석은 자는 자신의 몫이 아닌 줄 알면서도 이를 챙기고자 노력하는 사람이다. 갈잎나무가 추운 겨울에 몸을 보호하지 않고 오히려 잎을 떨어뜨리는 것은 겨울을 이길 수 있는 힘을 기르기 위해서다. 만약 나무가 편히 살려고 여름철에 만든 잎으로 겨울을 견뎌왔다면 결코 지금과 같이 살지 못했을 것이다. 아무리 추운 겨울이라도 무한정 옷을 입을 수 없는 것처럼 인간은 스스로 몸을 보호할 수 있는 한계가 있다. 그러나 인간은 겨울이 되면 자신을 드러낼 생각은 전혀 하지 않은 채 옷을 통해 몸을 보호하는 데 급급하다. 인간이 자신을 드러내지 않고 꼭꼭 숨으면 숨을수록 자생력은 점차 줄어들어 생존할 수 없게 될지도 모른다.

떨어진다는 것은 곧 이룬다는 뜻이다. 떨어진다는 의미의 한자 '낙落'은 잎이 땅에 닿는다는 뜻이지만, 잎이 땅에 닿는 순간 나무는 다시 잎을 만든다. 떨어지는 순간이 곧 이루는 때다. 어떤 일을 마무리하는 것을 '낙성落成'이라 한다. 그러므로 떨어지는 것은 사라진다는 뜻이 아니다. 그러나 사람들은 떨어지면 사라진다고 생각한다. 예컨대 시험에서 떨어지면 인생이 끝나는 줄 안다. 만약 떨어짐이 곧 사라짐이라면 나무는 잎을 떨어뜨리는 순간 사라져야 한다. 그러나 반대로 잎을 떨어뜨리는 순간 나무가 성장하듯이, 인간도 어딘가에 떨어지거나 포기하는 순간 새롭게 출발할 수 있다.

나무는 떨어진 잎이 사라지지 않는다는 것을 잘 알고 있다. 떨어진 잎을 밟으면 갓 구운 빵처럼 바삭바삭 달콤하고 고소한 소리가 들리고, 햇빛에 비친 낙엽은 꽃처럼 아름답다. 그런데 그렇게 아름답던 낙엽이 눈앞에서 사라지면 사람들은 낙엽이 이 세상에서 완전히 사라진 줄 안다. 반드시 눈앞에 있어야 이 세상에 존재하는 것은 아니다. 나무가 떨어뜨린 잎이 어디로 가겠는가. 내가 이 땅에 버린 것들이 어디로 가겠는가. 잎은

떨어져도 결코 사라지지 않고 이 땅 어딘가에 남아 있기 때문에 다시 새잎
이 돋는 것이다. 인간은 인간의 입장에서 인간만 바라보기 때문에 자신이
가진 것을 놓지 못한다. 관심을 우주에까지 넓힌다면 나무가 왜 잎을 떨
어뜨리는지 알 수 있을 것이다.

나무가 새로운 잎을 만들기 위해 잎을 버리듯, 인간도 살아남기 위해
서는 버려야 할 것이 아주 많다. 버린 만큼 얻는 것이 세상의 이치다. 잎
을 버린 나무는 이듬해에 그만큼의 잎을 얻는다. 우주 공간에 존재하는
것은 무엇이든 하나도 빠져나갈 게 없다. 더하지도 덜지도 않는 무익무손
無益無損이다. 버린다고 없어지지도 않고 얻는다고 얻어지는 것도 아니다. 총
량은 언제나 같을 뿐, 다만 관점에 따라 많고 적음이 달라진다. 그러나 많
다고 생각하는 순간 어느 한쪽이 적은 것이 되고, 적다고 생각하는 순간
다른 한쪽이 많은 것이 된다. 많이 소유하는 순간 다른 쪽은 부족해진다.
그렇기 때문에 많이 가졌다고 해서 행복하지 않고, 적게 가졌다고 해서
불행한 것이 아니다.

어느 날 경북 김천 청암사에 갔더니 잎 떨어진 감나무에 열매가 주
렁주렁 달려 있었다. 스님들은 그 감을 한 개도 따먹지 않고 그냥 두었다.
감나무에는 새들이 앞다투어 감을 먹이로 삼고 있었다. 감나무는 잎을
떨어뜨린 뒤에도 열매를 한참 동안 달고 있다. 다른 생명체들에게 열매를
내주어야 자신의 후손을 남길 수 있기 때문이다. 잎이 떨어진 뒤에야 감
나무 열매의 모습을 온전히 볼 수 있다. 감은 하늘의 기운을 마음껏 받고
서야 나무에서 떨어진다. 감나무 잎이 떨어진 곳을 보니 파릇파릇 풀이
무성하다. 괴산의 느티나무 아래에는 풀이 없지만 청암사의 감나무 아래

에는 풀이 많다. 느티나무는 몸집이 커서 나무 주변에 햇볕이 잘 들지 않아 생명체가 살 수 없지만, 감나무는 몸집이 작아 햇볕이 잘 들어 생명체가 살 수 있다. 감나무 잎을 덮어쓴 풀은 겨울을 따뜻하게 보낼 수 있을지도 모른다.

나무가 잎과 열매를 아낌없이 내려놓는 자세는 대도大道의 실천이다. 이런 태도는 성인만의 것이 아니라 모든 생명체가 할 수 있는 일이다. 누구든 태어나면서부터 그런 자질을 갖고 있다. 다만 나무처럼 때에 이르면 과감하게 선택할 수 있는 결단력이 관건이다. 터럭의 차이가 천 리를 갈라놓듯毫釐之差 千里之繆, 순간의 결단력이 생명체의 운명을 결정한다. 나무는 잎을 버린 뒤에야 여유를 찾는다. 잎을 달고 있을 때는 풍요롭지만 여유가 없다. 인간도 몸이 가벼워진 뒤라야 여유로울 수 있다. 여유餘裕는 비어 있는 여백과 같다. 나무가 잎을 떨어뜨리면 가지와 가지 사이에 여백이 생긴다. 겨울나무는 사람들이 겨울에 옷을 껴입고 움츠리는 것과 달리 옷을 입지 않고도 힘차게 생동한다. 여유가 있어야 자유롭다. 잎 떨어진 나무는 절대 자유 그 자체다. 충만한 기운으로 가득 찬 겨울나무의 모습은 인간이 가야 할 길을 안내하는 나침반이다.

제4장

부드럽기에
강인하다

흔들림의 철학

　　　　　　　　　세상은 다양한 성질로 구성되어 있다. 그러나 음양 사상가들은 세상을 음과 양의 이분법으로 구분한다. 하늘은 양을 닮았고 땅은 음을 닮았다. 남자는 양을 닮았고, 여자는 음을 닮았다. 그래서 남자는 하늘을 닮았고, 여자는 땅을 닮았다. 간혹 이러한 음양 사상을 곡해하는 사람 중 하나가 남자다. 한국에서는 적지 않은 사람이 음양 사상을 곡해한 나머지 남자를 하늘같이 모시라고 이야기한다. '어디 여자가 하늘 같은 남자를 모시지 않느냐'고 말하는 남자들을 보면 안됐다. 음양 사상가들은 남자가 하늘을 닮았고 여자는 땅을 닮았다고 했지, 땅을 닮은 여자가 하늘을 닮은 남자를 모시라는 이야기를 하지는 않았다.

　　음양 사상을 곡해하기란 여자도 예외가 아니다. 혹 여성운동가들이 남자와 여자의 평등을 강조하면서 전통 혼례를 비판하는 경우가 있다. 예컨대 전통 혼례에서 남자는 신부에게 한 번 절하고, 여자는 신랑에게 두 번 절한다. 혹 여성들은 왜 남자는 한 번 절하고, 여자는 두 번 절하느냐고 따지지만, 이는 여자를 무시한 것이 아니라 여자와 남자를 음양으로 파악했기 때문이다. 양은 일一이요, 음은 이二다. 그래서 양의 성질을 가진 남자는 한 번 절하고, 음의 성질을 가진 여자는 두 번 절한다. 죽은 자에게 두 번 절하는 것도 같은 이치다. 살아 있는 사람은 양이고, 죽은 사람은 음이기 때문이다.

세상을 음과 양으로만 분류하는 이분법적 사고는 무척 위험하다. 양 속에 음이 있고 음 속에 양이 있는 것이지, 음과 양은 따로 존재하지 않는다. 음과 양을 분류하든 하나로 이해하든, 가장 바람직한 것은 음과 양의 조화다. 생명체 내에 음양이 함께 존재한다는 것만 제대로 인식해도 행복한 삶을 누릴 수 있다. 특히 사람은 자신의 몸에 음과 양의 성질이 함께 존재한다는 것을 반드시 경험한다. 나는 그 증거가 '갱년기'라 생각한다. 갱년기는 '나이를 바꾼다' 혹은 '나이를 새롭게 한다'는 뜻이다. 남자든 여자든 예외 없이 한 번쯤 갱년을 맞는다.

보통 갱년기의 고통을 겪는 건 남자보다 여자가 심하다. 어떤 사람은 우울증에 시달려 죽음을 생각할 만큼 심한 고통을 겪기도 한다. 갱년의 고통은 몸의 변화가 심하기 때문에 발생하는데 그 고통을 고통으로만 받아들이면 불행할 수밖에 없다. 나도 지금 갱년을 경험하고 있다. 얼굴에 주름이 늘고, 머리가 희어지고, 눈썹도 하얗게 변하고 있다. 그러나 이러한 신체의 변화에 크게 상심하지 않는다. 내 몸의 변화가 단순히 죽음

이 아니라 새로운 삶을 향한 또 다른 시작이라 생각하기 때문이다. 갱년
은 남자의 경우 여자의 성질로, 여자는 남자의 성질로 살아가는 출발을
의미한다. 남자는 강한 인생에서 부드러운 인생으로, 여자는 부드러운 인
생에서 강한 인생으로 살아가는 것이 얼마나 다행인가. 다른 스타일로 살
아보는 것이 얼마나 행복한 일인가. 갱년기는 그동안 보지 못했던 것을 보
고 상대의 이해할 수 없었던 부분을 이해할 좋은 기회다. 이를 통해서 남
자는 여자를, 여자는 남자를 이해하게 된다.

어느 시점에 이르면 몸이 쇠약해지는 게 순리다. 이러한 순리를 거스
를 수 있는 존재는 없다. 다만 순리에 따라 살아갈 뿐이다. 인간이 쇠약해
지는 시기는 사람마다 다르고, 영양 상태가 좋은 시대와 그렇지 못한 시
대에 따라서도 다르다. 인간은 몸이 쇠약해지면 스스로 두 발로 걸어 다
닐 수 없다. 이때 필요한 것이 지팡이다. 그런데 중국 고대사회에서는 아
무나 지팡이를 짚고 다닐 수 없었다. 더욱이 나이에 따라 지팡이를 짚고
다닐 수 있는 장소가 정해져 있었다. 중국에서는 50세부터 지팡이를 짚
고 다닐 수 있도록 했다. 그런데 집 안에서만 지팡이를 짚고 다닐 수 있었
기 때문에 50세를 장가杖家라 했다. 60세가 되면 고을에서만 지팡이를 짚
고 다닐 수 있었고 60세를 장향杖鄕이라 불렀다. 70세부터는 전국에 지팡
이를 짚고 다닐 수 있어 70세를 장국杖國이라 불렀다. 80세 노인은 조정에
지팡이를 짚고 들어갈 수 있었다. 그래서 80세를 장조杖朝라 불렀다.

지팡이도 나무의 종류에 따라 음양으로 구분했다. 예컨대 부모 중
아버지가 돌아갔을 경우 상주의 지팡이는 대나무였고, 어머니가 돌아갔
을 경우에는 버드나무 혹은 오동나무였다. 이처럼 그 대상이 누구냐에 따

라 지팡이가 다른 것은 마디가 있는 대나무를 양에, 부드러운 버드나무와 오동나무를 음에 비유했기 때문이다.

사람들은 버드나무에 사악한 기운을 물리치는 힘, 즉 벽사력辟邪力이 있다고 믿었다. 예컨대 정월 초하룻날 아침에 버드나무 가지를 꺾어 문간에 달아두면 100가지 귀신이 들어오지 못한다고 믿었다. 버드나무가 부드러우면서도 귀신의 음산함을 물리칠 수 있는 양의 기운 또한 있다고 생각했기 때문이다. 사람들이 버드나무에서 이러한 기운을 발견한 것은 잎의 가장자리에 톱니가 있기 때문이기도 하지만, 무엇보다도 목질이 부드럽고 강해서였다. 부드러우면서도 강한 존재로 평가받는 버드나무는 다른 나무보다 물을 무척 좋아했다. 버드나무를 비롯해 능수버들, 수양버들, 용버들, 왕버들, 갯버들 등 버드나뭇과의 학명에는 '물'을 의미하는 '살릭스salix'가 들어 있다. 버드나무의 생명력을 상징적으로 보여주는 사례는 '여자와 버드나무는 어떤 경우라도 살아남는다'는 중국 명나라 이시진의 『본초강목』에서 찾아볼 수 있다.

옛날에 이별할 때 버드나무를 꺾어주었던 것도 강인한 생명력 때문이었다. 이별이 잦았던 교통의 중심지에는 지금도 버드나무가 많이 살고 있다. 나는 오른손에 버들가지를 들고 물가의 바위 위에 편안하게 앉아 있는 양류관음楊柳觀音에서도 버드나무의 부드러움을 확인한다. 세상의 고통받는 중생을 어루만져주는 것은 버드나무처럼 부드러운 손길이다. 노장 사상가들은 부드러움이 세상살이에서 매우 중요함을 강조했다. 특히 강자만이 살아남는 살벌한 춘추시대에 『도덕경』을 통해 부드러움을 강조한 노자는 그 시대의 반항아였지만, 지금까지 많은 사람이 그를 스승으로 삼

수양버들 꽃.

는 것은 부드러운 것이 강한 것을 이긴다는 철학과 관련되어 있다. 노자는 부드러움과 관련해서 물을 강조한다. 물은 부드러움의 상징이자 만물의 원천이다. 내가 노자 사상을 좋아하는 것도 물에 대한 철학 때문이다. 물은 가장 낮은 곳에 있으면서도 스스로 정화하는 자정 능력을 갖고 있기에 위대하다. 바다가 위대한 것은 모든 물을 수용하면서도 스스로 맑은 모습으로 살아가기 때문이다. 그 어떤 것도 거부하지 않으면서 자신의 모습을 잃지 않는 물이야말로 참된 스승이다. 그렇기에 큰 나라는 가장 낮은 곳에 위치하고, 위대한 자는 가장 낮은 곳에서 살아간다.

버드나무는 물을 정화하는 능력이 있다. 그래서 옛날부터 물가에 버드나무를 즐겨 심었다. 버드나무도 바다처럼 온갖 오물을 뿌리로 받아들이면서도 계속 살아가는 힘을 가지고 있다. 나는 버드나무의 이러한 능력을 스스로 맑게 하는 '자정력自淨力'이라 부르고 싶다. 그러나 버드나무와 바다만이 아니라 모든 생명체는 자정 능력을 갖추고 있다. 문제는 스스로 그것을 깨닫는가의 여부다. 많은 사람은 자신이 태어나면서부터 얼마나 위대한 존재인지를 잘 모르면서 살아간다. 더욱이 자신이 가지고 있는 탁월한 능력은 잘 알지 못하면서 다른 사람의 능력을 부러워한다. 나도 나무를 공부하기 전까지는 다른 사람에 비해 내 능력이 부족하다고 생각하면서 살다가, 나무를 공부하고부터는 나도 다른 사람만큼 능력을 갖추고 있다는 것을 알았다. 이러한 사실을 깨닫기까지 40년의 세월이 흘렀지만, 지금도 한 그루의 나무를 세면서 자신을 발견했던 순간을 기억한다.

버드나무의 자정 능력을 생각하면 늘 중국 선종의 창시자인 육조 혜능의 계송, 즉 선시禪詩 한 편이 떠오른다.

나무
철학

보리는 원래 나무가 없는 것, 명경 역시 받침이 없네.
불성은 항상 청정한 것인데, 어느 곳에 티끌이 있다고 하는가?

혜능의 선시에는 나무가 등장한다. 인간은 애초부터 자정 능력을 갖춘 존재라는 혜능의 선시는 나를 크게 울렸다. 누구나 홀로 서서 살아가고 싶지만 말처럼 쉽지 않아 방황한다. 그렇다고 나이 들면서 자연스럽게 자정할 수 있는 것도 아니다. 어떻게 하면 자정할 수 있을까 고민해도 쉽게 답을 얻을 수 없는 게 보통 사람이다. 그러나 조용히 한 번만 나무를 제대로 바라보면 그 방법을 알 수 있다. 모든 생각을 모아서 버드나무를 바라보는 순간, 어떻게 살아가야 할지를 깨닫는다. 버드나무의 잎과 가지는 바람에 몸을 맡기고 이리저리 흔들린다. 만약 버드나무가 흔들리지 않으려고 안간힘을 쓴다면 결코 살아남지 못할 것이다. 버드나무가 강한 것은 부드럽기 때문이고 부드러운 것은 흔들리기 때문이다.

충청북도 괴산군 삼송리에 살던 천연기념물 왕소나무가 2012년 8월 중순 태풍 '볼라벤'에 넘어졌다는 소식이 그해 나에게는 가장 충격적인 소식이었다. 왕소나무가 죽은 것이 아니라 쓰러지기만 했는데도 충격을 받은 것은 나무를 그만큼 깊이 사랑했기 때문이다. 나는 이 소나무를 매번 찾아가면서도 나무가 쓰러지리라는 생각은 한 번도 해보지 않았다. 부모님이 영원토록 살아 계실 것이라 믿는 것처럼 내가 이 나무에 기대고 있었는지도 모른다. 아니면 이 나무에 집착한 탓에 세상에 변하지 않는 것은 없다는 생각을 잊고 있었는지도 모른다. 600년의 세월이 흐르는 동안 수없이 많은 태풍을 만났지만 왕소나무는 거뜬히 살아남았다. 그런데 왜 그

나무
철학

해의 태풍에는 쓰러졌을까. 더 이상 바람에 견디지 못한 것이다. 왕소나무가 태풍에 쓰러진 모습을 보면서 그 나무가 600년 동안 얼마나 많이 흔들리면서 살아왔을지를 생각했다. 수없이 흔들리면서 자신을 지켜오는 동안 왕소나무의 몸은 가분수로 바뀌었다. 나무의 뿌리는 더 이상 줄기와 가지를 온전히 유지할 수 있을 만큼 강하지 못했다.

사람들은 흔들리지 않고 살길 바라지만 나는 흔들리지 않고 살기보다는 흔들리면서 사는 법을 배우고 싶다. 공자는 나이 마흔을 외물에 유혹되지 않는 '불혹不惑'이라 불렀다. 그러나 나이 마흔에 흔들리지 않을 사람이 몇이나 될까. 공자는 도덕군자를 꿈꿨지만, 인간은 공자의 꿈처럼 삶을 유지하기 어렵다. 흔들리지 않으려고 애쓰다 보면 오히려 큰 바람에 쓰러질 수도 있다. 큰 바람에 쓰러지지 않기 위해 조금씩 흔들리면서 사는 것도 삶의 지혜다.

나무는 바람이 불면 흔들린다. 바람에 흔들리는 나뭇가지는 무척 아름답다. 그러나 바람이 거세게 불면 온갖 고통을 이겨내면서 피운 꽃과 열매를 잃어버린다. 얼마 전 태풍이 지나간 후 인근의 산에 올랐는데 산길에 나뭇잎과 열매들이 가득 떨어져 있었다. 어느 사찰 뒤편에 살고 있는 무환자나무에게 갔더니 역시 땅바닥 여기저기 열매가 흩어져 있었다. 열매를 하나하나 손으로 주워서 비닐봉지에 담아 집으로 가져왔다. 물에 씻어 열매를 찬찬히 살펴보니 메주콩보다 큰 열매가 아직 푸른색을 띠고 있었다. 손으로 근심을 없앤다는 뜻을 가진 무환자나무 열매의 껍질을 벗겨보니 완두콩을 닮은 씨앗이 세상 밖으로 나왔다. 채 여물지 않은 열매가 바람에 떨어졌으니 후손을 남길 수는 없다. 무환자나무는 1년 동안 만

충북 괴산 삼송리 왕소나무(천연기념물 제290호, 2014년 해제).

든 자식을 세상에 내보내지 못하고 잃어버린 것이다. 열매는 새까맣게 익어야만 새 생명이 태어난다. 나는 손에 든 열매를 물끄러미 바라보면서 유산으로 잃어버린 첫아이를 떠올렸다. 그렇게 무환자나무의 심정을 생각했다.

아무리 위대한 사람일지라도 평생 흔들리지 않고 살아가는 사람은 없다. 나무가 하늘을 향해 곧게 자랄 수 있는 것도 바람에 수없이 흔들리면서 살아가기 때문이다. 그러나 오직 흔들리기만 한다면 살아남을 수 없다. 나무는 흔들리면서 뿌리를 튼튼히 만든다. 바람에 꽃과 열매를 잃어버릴 때도 많지만 그럴 때마다 뿌리는 한층 더 튼튼해진다.

언젠가 텔레비전에서 한 가정의 세 딸이 가족 합창 단원을 모집하는 프로그램에 출연한 것을 본 적이 있다. 딸들은 크는 동안 한 번도 아버지가 우는 모습을 본 적이 없다고 했다. 어찌 보면 당연하다. 그런 아버지가 큰 병에 걸려 눈물 흘리는 모습을 처음 봤다는 얘기를 듣고 가슴이 먹먹했다. 한국의 아버지들은 가족 앞에서 눈물 흘리는 것을 일종의 금기사항쯤으로 생각한다. 왜 가족들 앞에서 눈물 흘리면 안 되는가? 아버지가 흔들리면 가족이 무너진다는 생각에서 벗어나지 못한 탓이다. 사실 아버지도 수없이 흔들리지만 흔들린다는 말을 가족들에게 하지 못할 뿐이다. 사람들은 나이 들어 흔들리는 것을 도덕적인 관점으로 인식하는 경향이 강하다. 흔들리지 않고 살아가려다가 오히려 파국을 맞을 수 있다. 결정적인 순간에 '선택'을 하기 위해서는 흔들려야 한다. 평생 한 가지 일만 하다가 죽을 수는 없다. 그러나 가정을 가진 한국의 직장인들 대부분은 가족의 생계 때문에 회사와 일이 마음에 들지 않더라도 그냥 다닌다. 매일 고민에 고민을 거듭하면서도 흔들리는 마음을 숨기는 데 급급하다. 흔들리는 마음을 숨긴다고 문제가 해결된다면 얼마나 좋겠냐만은 현실은 그렇지 않다.

흔들리는 것은 현실 문제를 해결하는 데 매우 중요하다. 현실에 적응하려면 하루에도 수천 번씩 흔들릴 수밖에 없다. 흔들리는 것을 두려워한다면 어떻게 변화무쌍한 현실과 싸워 이길 수 있을까. 나는 수없이 흔들리면서 지금의 자리를 잡았다. 그러나 사실 나는 여전히 하루에도 몇 번씩 흔들리면서 새로운 것을 추구한다. 내가 흔들림을 방치하는 이유는 흔들려야만 좋은 생각을 만들 수 있기 때문이다. 나무가 바람에 흔들리면서 자신을 성장시키듯, 인간도 나무처럼 흔들리면서 자신을 강하게 만들어야 한다. 부모 눈엔 자식들이 흔들리는 모습이 불안하다. 그래서 가능하면 빨리 목표를 정해서 안정적인 직장을 얻길 바란다. 어찌 그 마음을 모르겠는가. 어떤 부모인들 자식이 하루빨리 자리를 잡아 편안하게 살아가길 바라지 않겠는가. 많은 부모는 자신이 겪어본바 그렇게 살아갈 수 없다는 것을 잘 알고 있으면서도 자식이 흔들리는 것은 견디지 못한다.

흔들리는 것은 무척 고통스럽지만 인간은 그 고통을 통해서만 성숙한다. 공자가 '군자불기君子不器'(군자는 일정하게 정해진 그릇이 아니다)라고 한 말은 그만큼 어디든 구속되지 말 것을 강조한 것이다. 큰 그릇을 만드는 과정을 한번 생각해보자. 흙이 얼마나 많이 흔들려야 일정한 틀을 갖춘 그릇으로 변하는지 생각해보자. 인생을 짧게 생각하면 늘 불안해서 견딜 수 없지만 길게 생각하면 흔들리는 것도 쉽게 받아들일 수 있다. 흔들림을 부정적으로 보는 습관은 전통과 결코 무관하지 않다. 아무리 큰 배

나무
철학

일지라도 바다 위에서는 흔들려야 나아갈 수 있다. 파도를 거스르면 침몰한다. 파도의 흐름을 타면서 나아가야만 침몰하지 않고 무사히 목표에 도달할 수 있다. 인생을 자유자재로 하려면 매일매일 흔들리자. 다만 뿌리를 튼튼하게 하기 위한 흔들림이라야 한다. 그래야만 흔들리다가 넘어져도 또 일어나 죽지 않고 계속 흔들릴 수 있다.

제5장

모난 데 없는
부드러움은
치밀함에서 나온다

—
원만圓滿의 철학

누구나 원만한 삶을 원하지만 원만
하게 사는 것만큼 어려운 일도 없다. 어떻게 사는 게 원만할 것일까. 과연
나무는 원만하게 살아갈까. 나무가 원만하게 살아간다면 어떻게 그런 삶
이 가능할까. 원만하게 산다는 것은 삶이 모나지 않고 둥글다는 뜻이다.
둥글어야 어디에든 걸리지 않고 살 수 있기 때문이다. 나무가 둥글게 산
다는 것은 나이테가 둥글다는 데서 알 수 있다. 그런데 둥근 삶에는 치밀
함이 요구된다. 나무는 모두 치밀하게 살지만, 그중에서도 회양목과의 회
양목만큼 치밀한 나무도 드물다. 회양목의 치밀한 삶은 나무의 목질을 보
면 알 수 있다.

치밀緻密은 고운 실처럼 촘촘한 것을 말한다. 회양목의 목질이 바로
그렇다. 삶이 조밀하면 당연히 더디다. 그래서 회양목은 그 어떤 나무보다

도 더디게 성장한다. 회양목은 나무마다 기후와 토양 조건에 따라 생장 속도가 다르지만 특히 석회석 땅에서 잘 자란다. 늘푸른떨기나무인 회양목은 지금은 북한에 속해 있는 회양淮陽 땅에서 잘 자라서 붙여진 이름으로 알려져 있다. 나무는 물관세포와 섬유세포로 이루어져 있는데, 보통 나무는 물이 통과하는 물관세포가 크고, 나무를 지탱해주는 섬유세포는 작은 게 특징이다. 그러나 회양목은 물관세포와 섬유세포의 크기가 거의 같다. 조선시대에 회양목으로 호패나 도장을 만들었던 것도 이 나무의 치밀함 때문이었다.

나는 회양목처럼 치밀하지 못하다. 사람도 치밀하게 사는 사람이 있고, 그렇지 못한 사람도 있다. 모든 사람이 치밀한 성격으로 태어나는 것도 아니고, 모든 일에 치밀할 수도 없다. 어떤 일은 치밀할 필요가 있고, 구태여 그러지 않아도 될 일이 있다. 그러나 치밀할수록 원만한 삶을 살아갈 수 있다. 치밀할수록 더디지만 실수를 적게 하고, 실수를 적게 할수록 깊이 있는 삶을 살 수 있기 때문이다. 치밀하게 사는 방법 중 하나는 최선을 다하는 것이다. 치밀하다는 뜻의 '치緻'는 실絲과 치致의 합성어이고, '치致'는 최선을 다한다는 뜻이다. 최선을 다한다는 말은 일상에서 자주 사용하기 때문에 많은 사람이 여기에 큰 의미를 부여하지 않을 수도 있지만, 공부하는 관점에서 보면 매우 중요한 말이다. 최선을 다한다는 '치'는 나무의 삶 자체다. 치는 끝까지 한다는 뜻이고, 어떤 일이든 중간에 그만두지 않고 끝까지 하는 자세는 매우 중요하다.

회양목은 키가 작아서 사람들의 관심을 거의 끌지 못한다. 그러나 요즘 우리 주변에서 '생울타리'로 각광받고 있기 때문에 조금만 관심을 기울

나무
철학

회양목의 꽃과 열매.

이면 전국 어디에서나 일상에서 쉽게 만날 수 있다. 사람들에게 나무를 설명하는 과정에서 회양목을 만나면 꼭 물어보는 것이 두 가지 있다. 회양목 꽃을 보았는가, 회양목 열매를 보았는가다. 생울타리 역할로 살고 있는 회양목의 꽃과 열매를 보기 위해서는 반드시 회양목의 키만큼 몸을 낮춰야 한다. 선 채로는 자세하게 볼 수 없다. 회양목도 여느 나무처럼 봄에 꽃을 피운다. 꽃 색깔은 노랗다. 노랗게 핀 회양목의 꽃에도 벌과 나비들이 부지런히 날아든다. 그래야만 열매를 맺을 수 있으니 말이다. 꽃이 진 자리에 맺는 열매는 암술대가 뿔처럼 남아 있어 마치 귀엽고 앙증맞은 도깨비 머리 같다.

회양목의 올곧은 삶은 이 나무로 도장을 만들어서 붙여진 '도장나무'라는 별명에서도 확인할 수 있다. 조선시대 선비들은 회양목처럼 치밀하게 살기 위해 자신들이 거처하는 공간에 회양목을 즐겨 심었다. 평생 동안 '경敬' 공부에 매진한 퇴계 이황이 거처했던 도산서당 앞에도 회양목이 있다. 도산서당 담 앞에 살고 있는 회양목은 주위에서 흔히 만날 수 있는 회양목과는 크기가 전혀 다르다. 도산서당의 회양목은 보통 성인의 키보다도 크다. 이렇게 자라기 위해서는 아주 긴 시간을 기다려야만 한다. 그래서 도산서당의 회양목 정도 되는 나무는 우리나라에서 보기 드물다.

성리학자들이 자신의 공간에 회양목을 심은 것은 이 나무를 통해 스스로를 성찰 대상으로 삼기 위해서였다. 『대학』에 나오는 '격물치지格物致知'는 객관적으로 존재하는 사물에 이르러서 앎을 찾는 방법이다. 회양목을 격물치지의 대상으로 삼은 것은 이 나무의 치밀한 삶 때문이다. 치밀한 존재는 빈틈이 없어야 한다. 빈틈이 없으면 한편으로는 답답하다고 생각할지 모른다. 사람들은 어느 정도 못하는 구석이 있어야지 사람 냄새가 난다고 평가한다. 그래서 오히려 빈틈없는 사람을 융통성 없는 사람으로 낮게 평가하는 경우도 있다. 그러나 빈틈이 없다고 꼭 융통성이 없는 것은 아니다.

회양목만 치밀하게 사는 것이 아니다. 밤나무 역시 치밀한 삶의 좋은 사례다. 참나뭇과의 밤나무는 다른 나무와는 좀 색다른 삶을 산다. 이는 열매에서 확인할 수 있다. 모든 나무가 후손을 남기기 위해 치밀한 계획을 세우듯, 밤나무도 후손을 남기기 위해 남다른 방법을 선택했는데 이것이 바로 밤송이의 가시다. 우리나라에서 볼 수 있는 나무 중 열매가 밤송이처럼 가시를 가지고 있는 경우는 없다. 밤나무가 열매를 둘러싼 무시무시한 가시를 만든 것은 열매를 보호하기 위해서다. 왜 밤나무는 다른 나무에게는 없는 가시로 열매를 보호할까. 바로 밤송이 안에 있는 알맹이가 생명을 잉태하는 씨방이기 때문이다. 밤송이가 익어 가시로 둘러싼 껍질이 벌어지는 순간, 갈색 씨방이 드러난다. 인간이 즐겨 먹는 밤의 씨방, 즉 밤알은 아주 무시무시한 가시의 보호 속에서 성숙하다가 땅에 떨어져 후손을 만든다.

밤알은 과육이 씨를 둘러싼 다른 나무의 열매와 달리 그 자체로 씨이며 발아한다. 밤알의 싹은 세상에 나오더라도 수십 년 동안 밤알과 붙어 있다. 밤나무가 자신의 후손을 만들면서 싹이 열매에서 떨어지지 않도록 한 것은 무슨 연유일까. 사람들은 밤나무의 이런 치밀한 '작전'을 근본을 잊지 않는 것으로 평가하고, 밤나무의 뜻을 기려 조상의 제사에 밤알을 올린다. 밤나무는 인간이 조상의 제사에 밤알을 올리는 것을 보고 작

전 성공이라며 흐뭇한 미소를 지을지도 모른다. 하지만 씨앗이 돋았는데도 밤알과 오랫동안 이별시키지 않는 것은 왜일까. 밤나무의 의도는 밤알의 생성과 관계가 있는 것이 아닐까. 밤나무가 열매를 보호하기 위해 가시를 만든 것은 그만큼 외부의 공격을 받을 가능성이 아주 높았기 때문이다. 아울러 가을에 밤알이 익어서 껍질을 벗고 세상에 나오더라도 외부의 공격을 받을지도 모른다는 강한 위기의식이 잠재하고 있었을 가능성이 높다. 그래서 세상에 나온 싹을 보호할 수 있는 장치가 필요했을 것이다.

회양목과 밤나무의 치밀한 삶은 밖으로 배어나오기 마련이다. 안과 밖을 분리할 수 없듯이, 나무의 속은 겉으로 자연스럽게 드러난다. 속이 자연스럽게 드러나는 것이 원만圓滿이다. 원만을 뜻하는 '만'은 물이 가득 차 있는 모양이다. 성리학자들은 물의 속성을 통해 치밀한 공부를 추구했다. 물은 흐르면서 웅덩이를 만나면 모두 채운 뒤에야 나아간다. 그러나 물은 그 누구와도 다투지 않는다. 그래서 노자는 "최고의 선은 물과 같다上善若水"고 했다. 어느 한 곳도 빠뜨리지 않고 모두 채운 뒤에야 나아가는 물의 속성이 성리학자들의 마음을 사로잡았던 것이다. 이는 물에 대한 공자의 인식을 계승한 것이기도 했다. 공자는 물에 대해 "흘러가는 것은 이와 같은가, 밤낮을 가리지 않고"라고 했다. 흘러가는 것은 지나가고, 오는 것은 또 뒤를 잇는 게 물이다. 무심한 물은 쉼 없이 흘러간다. 성리학자들은 공자의 지적대로 이러한 물의 속성을 본받았다.

이렇듯 치밀한 공부 자세는 일종의 고학苦學, 즉 힘들게 배우는 태도다. 치밀한 공부는 절대 쉽게 이룰 수 없다. 물이 모든 웅덩이를 채우며 나아가듯, 한 단계 한 단계 밟으면서 나아가야 한다. 이 과정은 아주 힘들지만 힘든 만큼 성과도 크다. 중국 송나라 사마광은 늘 둥근 목침을 베고 잤다. 둥근 목침은 시간이 조금만 지나면 굴러떨어졌기에 그는 이를 통해 늘 게으름을 경계했다. 그래서 생긴 단어가 원목경침圓木警枕이다.

나무의 치밀한 삶은 열매의 모양에서도 확인할 수 있다. 세상의 나무 열매들은 대부분 둥글다. 왜 나무는 둥근 몸을 만들면서 동시에 둥근 열매를 만들까. 나는 나무의 둥근 삶을 '원융圓融'이라 생각한다. 원융은 모든 현상이 각각의 속성을 잃지 않으면서 서로 걸림 없이 원만하게 하나로 융합되어 있는 모습이다. 나무가 이 세상에 태어나서 한평생 한곳에서 뿌리를 내리고 살아가려면 원융의 정신을 발휘하지 않고서는 불가능할 것이다. 만약 나무 열매가 네모나거나 삼각형이라면 땅속에 골고루 닿지 않아서 새로운 생명을 만드는 데 어려움이 있을지도 모른다. 프로펠러를 닮은 단풍나무의 열매처럼 바람에 날아가야만 후손을 번성시키는 경우를 제외하면 열매가 둥글어야 땅에 떨어져 쉽게 굴러갈 수 있다. 원융은 모든 것과 통하여 아무 차별이 없고, 원만하여 서로 막히는 데가 없는 상태를 말한다. 둥근 열매도 어디든 걸림 없이 굴러야 산다. 나무 열매를 관찰하는 일은 결코 어렵지 않다. 간혹 자세히 보기 위해 나무에 달린 열매를 따는 사람도 있지만 그런 일은 삼가야 한다. 열매가 땅에 떨어질 때까지 기다려서 관찰하는 것이 좋다. 그런데 엄격히 말하면 떨어진 열매를 관찰하는 것도 결국 나무의 후손 만들기를 방해하는 셈이다.

나무의 씨방을 관찰하면서 가장 인상 깊었던 경우는 소나뭇과의 개잎갈나무(히말라야시다) 열매였다. 잎을 갈지 않아서 붙여진 개잎갈나무의 열매는 꽃이 핀 뒤 이듬해에 맺는 게 특징이다. 그러나 개잎갈나무의 열

나무
철학

매를 자세히 들여다보기란 쉽지 않다. 이 나무의 열매는 가지 끝에 열리고 대부분 사람 손이 닿지 않는 곳에 있기 때문이다. 나는 개잎갈나무의 속을 정확하게 볼 기회가 있었다. 누군가가 자른 가지에 달린 열매를 주워서 연구실에 걸어두었기 때문이다.

개잎갈나무의 열매는 시간이 지나면 물기가 빠지면서 벌어진다. 아주 정밀하게 층층으로 이루어진 열매는 점점 벌어지면서 껍질을 하나씩 떨어뜨린다. 그런데 열매의 껍질 속에서는 비단처럼 아주 부드럽고 얇은 막을 만들어낸다. 씨앗은 그 막 속에 들어 있다. 이러한 구조는 한 치의 오차도 없이 치밀하다. 개잎갈나무는 인간의 상상을 초월할 만큼 얇은 막으로 씨앗을 보호하고 있었다. 껍질이 모두 떨어지면 마지막으로 남는 것은 펜싱의 검을 닮은 열매의 밑과 길쭉한 심心이다. 개잎갈나무 열매의 심은 이 나무의 부모인 소나무의 솔방울에서는 찾을 수 없는 특징이다.

개잎갈나무 열매가 부모도 갖고 있지 않은 심을 만든 것은 아마도 열매의 크기가 부모인 소나무의 열매보다 길고 크기 때문일 것이다. 열매가 길고 클 경우에는 마치 높은 빌딩을 지을 때처럼 훨씬 치밀하게 구성해야 한다. 높은 빌딩에 한층 많은 철근이나 골조가 들어가듯, 개잎갈나무의 열매도 높은 층을 만들기 위해 철근에 해당하는 심을 만들 필요가 있었다. 만약 심을 만들지 않으면 어느 순간 열매가 익기도 전에 껍질이 견디지 못하고 떨어질 수 있기 때문이다.

어떤 삶이든 과정이 중요하다. 과정이 치밀하면 결과도 당연히 좋다. 나무가 열매를 맺는 것이 결과結果다. 나무가 열매를 맺기까지의 과정은 말할 수 없이 빈틈없다. 빈틈없는 과정을 거친 뒤에야 새로운 생명을 잉태

개잎갈나무 열매.

할 수 있는 것이다. 일의 과정이 경위經緯다. 경위는 직물織物의 날과 씨를 의미한다. 누에가 뽕나무 잎을 먹고 품어낸 고치로 만든 비단, 즉 '직'은 결국 날줄과 씨줄의 환상적인 조화의 산물이다. 사람들이 비단을 높게 평가하는 이유는 부드러움과 정교한 짜임새 때문이다. 비단의 정교하면서도 아름다운 모습은 가로와 세로의 조합 덕분이다. 인간은 지구 위의 위치를 나타내는 좌표축인 경도와 위도를 통해 편하게 살아갈 수 있다. 세로 줄인 경도는 시간을, 가로 줄인 위도는 장소를 결정한다. 인간은 시간과 장소를 통해서 살아가는 존재이고, 시간과 장소의 균형이 인간을 존재하게 한다.

나무처럼 치밀하게 살려면 어떤 일이든 마음에 깊이 새겨야 한다. 공자는 "밥을 먹는 동안에도 인을 생각했고, 급하고 구차한 경우에도 인을 생각했고, 아주 위급한 상황에서도 인을 생각했다." 공자는 삶 속에서 한 번도 마음에서 인을 생각하지 않은 적이 없었던 것이다. 공자가 지금까지 인류의 스승으로 평가받을 수 있는 이유도 바로 이러한 삶의 태도와 무관하지 않다. 위대한 사람은 지켜야 할 것을 한순간도 잊지 않고 생활하는 자다.

제6장

추위를
피하지 않아야
푸름을 유지한다

—— 무심無心의 철학

한국을 대표하는 늘푸른나무는 단연 소나뭇과의 소나무다. 사람들이 소나무를 좋아한다는 사실은 소나무의 줄임말인 '솔'이 '으뜸'을 뜻하는 데서 알 수 있다. 그러나 같은 소나무라도 어디에 사느냐에 따라 모양이 달라진다. 한반도에서도 장소에 따라 소나무의 모양이 다른데, 이는 모든 생명체가 장소와 기후에 따라 모습이 달라지는 것과 같은 이치다.

사람들이 소나무를 유독 좋아하는 이유는 무엇보다도 늘 푸르기 때문이다. 사람들에게 물어보면 늘 같은 대답이 돌아온다. 소나무의 푸름이 겨울에 빛나는 것은 나무의 잎이 푸른색을 띠고 있기 때문이기도 하지만, 겨울에는 갈잎나무가 잎을 떨어뜨려 상대적으로 푸른 잎이 돋보이기 때문이다. 그래서 소나무는 여름에도 푸르지만 추운 겨울에 더욱 그 푸름이 빛난다. 이런 모습에 반한 사람들은 소나무를 칭송하는 글과 그림을 남기기도 했다.

소나무와 관련해서 가장 유명한 글을 남긴 사람은 공자다. 공자가 죽은 지 2500년이 넘었지만, 아직도 그의 말을 되새기는 것은 그만큼 울림이 크기 때문이다. 『논어』에는 "세한연후지송백지후조歲寒然後知松柏之後凋"란 구절이 있다. '날씨가 추워진 뒤에야 소나무와 측백나무가 늦게 시든다는 것을 안다'는 말이다. 적지 않은 뜻이 포함되어 있는 이 구절은 읽는 사람에 따라 얼마든지 다양한 해석이 나올 수 있다. 공자가 스스로 붙인 보충 설명은 없다.

가장 먼저 확인할 것은 사실이다. 날씨가 추워진 뒤에야 소나무와 측백나무가 늦게 시드는 것을 안다는 말은 어쨌든 소나무와 측백나무가 시든다는 것을 알려준다. 시들긴 시들지만 늦게 시든다는 점에 주목할 필요가 있다. 식물학자들은 잎을 떨어뜨리는 갈잎나무인 낙엽수와 잎을 갈지 않는 늘푸른나무인 상록수로 나무를 크게 구분했다. 공자의 글은 식물학자들이 구분한 것과는 거리가 있지만, 그의 지적대로 늘 푸른 소나무도 잎이 시든다. 농촌에서 생활한 사람들은 시든 솔가지를 땔감으로 사용해본 경험이 있을 것이다.

주희가 편찬한 『논어집주』「자한子罕」편에는 이 구절에 대한 북송시대 범중엄范仲淹의 해석이 있다. 나는 그의 해석을 좋아하는데 다음과 같이 풀이했다. "소인은 태평성세에 군자와 다를 바 없다. 그러나 이해관계와 큰 사변을 만난 뒤라야 군자가 어떻게 처신하는지를 알 수 있다." 군자와 소인의 차이는 이해관계에 맞닥뜨리거나 큰일을 당했을 때 알 수 있다

나무
철학

소나무 잎과 측백나무 잎.

고 그는 말한다. 여름철의 소나무와 측백나무의 푸름은 갈잎나무와 거의 차이가 없지만, 날씨가 추워진 뒤에야 확연히 드러난다.

이 해석에 공감하는 이유는 실제 일상에서 흔히 볼 수 있는 장면이기 때문이다. 조선의 지식인들이 소나무를 추운 날씨에 벗할 만한 존재, 즉 '세한삼우歲寒三友'(소나무, 대나무, 매화) 중 하나로 꼽은 것도 소나무의 삶을 통해 자신을 성찰하기 위해서였다. 소나무와 측백나무에 관련된 공자의 말을 통해 자신의 삶을 성찰한 대표적인 조선의 인물은 추사 김정희다. 추사는 「세한도歲寒圖」(국보 제180호)를 그려 제자 이상적李尙迪에게 선물했다. 추사가 공자의 말을 적은 「세한도」를 제자에게 준 이유는 이상적이 1844년(헌종 10) 제주도 유배지에서 지위와 권력을 박탈당하고 귀양살이하고 있는 자신에게 사제 간의 의리를 잊지 않고 두 번씩이나 북경에 가서 귀한 책을 구해줬기 때문이다. 곤궁에 빠진 스승을 배반하지 않고 끝까지 존경한 제자의 인품에 반한 것이다.

나도 사람을 볼 때 공자의 말을 하나의 잣대로 삼곤 한다. 사람 관계는 그 어떤 관계보다 어렵다. 서로의 생각과 입장이 다르기 때문이다. 특히 이해관계가 얽히면 인간의 본모습이 드러난다. 마음이 이해관계 때문에 바뀌는 것인지, 처음부터 그런 종자를 가진 것인지 그 선후 관계는 좀 더 따져봐야겠지만, 인성을 파악하는 방법 중 하나는 같이 일을 해보는 것이다. 같이 일을 하면 그동안 몰랐던 사실을 많이 발견하게 된다. 나는 좋은 관계를 만들기 위해 가능하면 이해관계를 만들지 않으려 노력한다. 그러려면 서로 이익을 다투는 일이 없어야 한다. 이익을 다투면 좋은 관계도 좋지 않게 바뀌기 마련이다.

나무
철학

사람은 다른 사람과의 만남을 통해 살아갈 수밖에 없다. 이때 크고 작은 다툼은 피할 수 없고, 몰랐던 단점들을 목격한다. 이런 과정이 계속 반복되어 죽을 때까지 완전히 벗어나지는 못할지라도 줄이는 방법은 찾을 수 있을 것이다. 내가 나무를 사랑하는 이유 중 하나는 이익을 다투지 않기 때문이다. 가능하면 사람과의 접촉을 피하고 나무와의 만남을 자주 갖곤 하지만 사람을 만나지 않고 살아갈 수는 없기에 되도록이면 이익을 추구하는 단체를 만들거나, 그런 단체에 가입하지 않으려고 노력한다. 내가 10년 이상 '나무세기' 회원들과 관계를 지속할 수 있는 것도 이익을 염두에 두지 않기 때문이다.

나무는 자신의 문제를 대부분 스스로 해결하기 때문에 이익을 다툴 일이 없다. 겨울의 소나무는 갈잎나무들과 경쟁할 이유가 없다. 그저 혼자서 당당하게 살아간다. 겨울의 산들이 마냥 황량하고 춥지만은 않은 이유는 소나무처럼 늘푸른나무가 있기 때문이다. 눈이라도 내리면 소나무는 잎을 달고 있는 탓에 갈잎나무보다 한층 많은 눈을 안고 있어야 한다. 그래서인지 산수화 중에는 정선의 「노송재설老松載雪」처럼 눈을 안고 있는 소나무 그림이 많다.

사람들은 나무가 혼자 살아간다고 생각하지만, 나무도 사람처럼 군락을 이뤄 살아간다. 나무가 반드시 외로운 것은 아니다. 그러나 군락과 사회를 이루고 살더라도 나무든 인간이든 외롭지 않을 수 없다. 때론 외로움을 견디지 못하고 목숨을 끊는 사람도 있다. 그만큼 인간이 견디기 힘든 것 중 하나가 외로움이다. 그러나 외로움은 곁에 누군가가 없어서 느끼는 것이 전부가 아니며, 혼자 있더라도 반드시 외로운 것은 아니다. 외

롭다는 뜻의 한자 '고孤'는 두려워서 머뭇거리는 모습, 아버지를 잃은 아이의 두려운 모습을 의미한다. 혼자 있을 때보다는 두려움을 느낄 때 인간은 확실히 외롭다. 과연 소나무는 외로울까. 소나무는 겨울에 혼자 서 있어도 두렵지 않기에 외롭지 않다.

사람들이 소나무를 좋아하는 이유는 이 나무의 덕과 무관하지 않다. 공자는 덕 있는 자는 외롭지 않다고 했다. 소나무는 덕을 지녔다고 여겨져 흔히 '군자'에 비유됐다. 군자는 혼자 있어도 외롭지 않다. 혼자라 생각하지 않고 세상 사람들과 소통하기 때문이다. 직접 만나야만, 많은 사람을 만나야만 소통하는 게 아니다. 그렇다면 여러 사람을 만나고 돌아온 날 왜 공허함을 느끼겠는가.

경상북도 울진군 행곡리의 처진 소나무는 이 마을의 수호신이다. 마을 입구에 우뚝 서 있는 소나무는 하늘과 땅, 하늘과 사람을 이어주는 존재다. 사람들은 마을 입구에 소나무를 심으며 나무를 통해 우주와 인간의 소통을 꿈꿨다. 한국의 마을 입구에는 군락으로 살아가는 소나무도 있고, 행곡리의 소나무처럼 한 그루로 살아가는 경우도 있다. 한 그루의 소나무는 외로워 보이지만, 사실 마을의 소나무는 외로울 시간이 없다. 내가 이 마을을 찾았을 때도 가장 먼저 나를 맞아준 게 소나무였다. 행곡리에 도착하면 마을 입구에 떡하니 자리잡은 소나무 때문에 마을의 건물이 잘 보이지 않을 정도다. 이 마을을 방문하는 사람이라면 누구나 소나무와 만나지 않고서는 마을로 들어갈 수 없다. 그만큼 행곡리의 소나무는 강렬한 인상을 준다.

행곡리의 소나무를 비롯해 마을 입구에 위치한 소나무는 모두 마을의 정신적 지주다. 그래서 마을 사람들은 소나무를 신성한 존재로 생각하고 정성껏 가꾼다. 지금까지 여러 마을의 나이 많은 소나무가 살아남은 것도 마을 사람들이 소나무를 소통의 대상으로 삼았기 때문이다. 새끼줄 같은 끈을 나무에 매달고 매년 존경의 표시로 제사를 지내는 흔적이 바로 소통의 증거다. 마을 사람들이 신목神木, 즉 신령스런 나무로 소나무를 선택한 이유는 소나무가 자신들의 삶과 늘 함께했기 때문이다. 우리나라 사람에게 소나무는 어머니의 품처럼 포근한 존재다. 소나무는 늘 푸르면서도 가지를 넓게 뻗기 때문에 사람이 소나무 속으로 들어가면 마치 아기가 엄마의 가슴에 묻혀 곤하게 자는 것처럼 솔향기에 취해 모든 번뇌를 잊어버린다.

나는 행곡리의 소나무처럼 나이가 많은 소나무를 만나면 꼭 안아본다. 나무를 안을 때 나무에게 양해를 구하면 나무는 어김없이 허락한다. 나무는 자신을 안는 자를 결코 해치지 않는다. 그런데 내가 팔을 벌려 소나무를 감싼다고 해서 내가 나무를 안는 것은 아니다. 이미 소나무 안으로 들어간 이상, 내가 소나무에게 안긴 셈이다. 내가 소나무를 안아보는 데는 그만한 이유가 있다. 소나무처럼 가지를 많이 만들 뿐 아니라 길게 뻗는 나무는 겉과 속이 아주 다르다. 겉과 속의 모습이 다른 소나무를 안아보지 않고서는 진정 이 나무의 진면목을 알 수 없기 때문이다.

산에 오르다가 문득 산 능선에서 우뚝 선 소나무를 만나면 한층 더 경이롭다. 지리산 뱀사골 부운리의 천년송千年松은 동네 산기슭에서 동네 사람들을 지켜주는 마을의 수호신이다. 동네 사람들은 다른 나무들에 비해 유독 우뚝 솟은 두 그루를 부부라 생각한다. 그 어떤 나무의 방해도

남이섬 잣나무숲.

받지 않고 하늘로 솟은 두 그루의 소나무는 그 자체로 사람을 압도한다. 이 소나무는 마을 사람들의 삶의 나침반이다. 나침반이 항해를 하거나 산길을 헤매는 사람들에게 생명과도 같은 도구인 것처럼, 두 그루의 소나무도 마을 사람들의 앞날을 지켜주는 등대와 같은 존재다.

인간이 늘 같은 모습으로 살아가기란 여간 어렵지 않다. 그래서 사람들은 고향의 부모처럼 늘 한결같이 살아가는 존재를 그리워한다. 중요한 건 다른 사람에게 그런 모습을 기대하기보다는 자신부터 그런 사람이어야 한다는 점이다. 소나무처럼 자신의 색깔을 변함없이 지키기 위해서는 역설적이게도 변화가 필요하다. 소나무의 잎이 늘 푸른 것은 처음부터 푸른 것이 아니라 끊임없이 자신을 변화시키기 때문이다. 그러나 나무에 무관심한 사람들은 소나무가 잎을 푸르게 만들기 위해 끊임없이 변한다는 사실을 모른다. 이 세상에 그 어떤 것도 노력 없이 새로울 수는 없다. 적지 않은 사람이 백조의 우아함을 내숭이라 폄하하지만 이는 절대 내숭이 아니다. 백조는 우아한 자태를 뽐내기 위해 물속에서 쉼 없이 발을 움직인다. 그러나 사람들은 물 아래서 쉼 없이 움직이는 발은 보지 않고 겉모습만 보면서 제대로 된 평가를 내리지 않는다. 하나의 자태가 밖으로 드러나기까지는 엄청난 고통이 필요하다. 그런 고통에 대한 관심과 이해 없이는 한 존재의 진정한 모습을 볼 수 없다.

나는 늘 푸른 소나무의 자태를 보면서 '무심無心'을 생각한다. 소나무의 위대함이 무심에 있다고 생각하기 때문이다. 늘 푸른 잎을 유지하기 위해서 목숨을 걸고 노력하는 소나무는 겨울에도 추위와 눈과 바람과 비를 온몸으로 맞는다. 추위를 피하지 않아야 소나무의 푸른 잎을 유지할

나무
철학

수 있다. 그러나 인간은 추우면 춥다고 불평하고, 더우면 덥다고 불평한다. 소나무는 추우면 추운 대로 받아들이며 어떤 고난도 피하는 법이 없다. '기꺼이' 추위를 받아들이는 소나무의 자세는 추위를 의식하지 않는 무심의 경지다.

제7장

'자귀'라 쓰고,
'자신은 가장 귀한 존재'라
읽는다

사 랑 의 철 학

　　　　　　　　　인류의 삶은 나무와 함께한 역사다.
그래서 인간은 나무를 신으로 모셨고, 집으로까지 나무를 끌어들였다. 사
람들이 특정 나무를 들일 때에는 그만한 이유가 있다. 선비들은 보통 사
군자를 들였지만, 사군자 외에도 집으로 들인 나무가 종종 있었다. 그중
대표적인 나무가 콩과의 자귀나무다. 자귀나무는 가정을 화목하게 만든
다고 했다. 가정이 화목하려면 무엇보다도 부부의 금슬이 좋아야 하고 이
를 위해서는 함께 있는 시간이 많아야 한다. 함께 많은 시간을 보내지 않
으면 남과 다를 바 없기 때문이다.
　　자귀나무는 부부가 함께 있는 모습을 상징하는 나무다. 이 나무가
금슬 좋은 부부의 상징이 된 것은 잎 때문이다. 나무는 잎을 통해 생장하
기 때문에 잎의 모양이나 크기가 매우 중요하다. 식물의 잎은 대부분 햇볕

을 받기 위해 두 갈래로 되어 있다. 두 갈래의 잎이 홀수일 수도 있고 짝수일 수도 있는데, 대부분 홀수다. 잎이 홀수면 모든 잎이 짝을 이룰 수 없다. 부부처럼 짝을 이루려면 잎이 짝수여야 하는데 잎이 두 갈래이고 짝수일지라도 그중에서도 특히 금슬 좋은 부부가 서로 안고 자는 모습처럼 붙어 있는 잎은 아주 드물다.

자귀나무는 짝수인 두 갈래 잎이 밤이면 서로 붙어서 잔다. 자귀나무의 잎이 서로 붙는 것은 이 나무가 아주 예민하기 때문이다. 우리나라에 살고 있는 나무 중 자귀나무만큼 예민한 나무도 없을 것이다. 예민하기 때문에 잎을 서로 맞댄다는 사실은 무척 경이롭다. 일반적으로 사람들은 예민한 사람을 선호하지 않는다. 그런데 사람들이 자귀나무를 부부의 상징으로 생각해서 집 안의 뜰로 맞이했으니, 일종의 반전처럼 짜릿하다. 자귀나무의 잎은 하루 종일 붙어 있는 것이 아니라 밤의 일정한 시간에만 붙어 있다. 밤에 금슬 좋은 부부가 살을 맞대고 자듯, 자귀나무도 밤이면 잎을 포개고 잔다. 사람들은 이런 장면이 좋아서 이 나무를 어둠에 잎을 합하는 나무를 뜻하는 '합혼목合昏木', 잎을 합쳐서 기쁜 나무를 뜻하는 '합환목合歡木'이라 불렀다.

나는 처음 나무의 이름을 외울 때 연상기억법을 활용했다. 연상기억은 나무의 이름을 일상에서 흔히 사용하는 단어와 연결해서 기억하는 방법이다. 박태기나무를 사람 이름 혹은 '밥태기'로 기억했듯이, 자귀나무는 '자기나무'라고 외웠다. 박태기를 밥태기로 기억한 것은 이 나무의 꽃 모양이 '밥'을 닮아서 붙여진 이름이기 때문이고, 자귀나무를 자기로 기억한 것은 사랑하는 사람끼리 부르는 애칭인 '자기'와 비슷하기 때문이다. 그래

서 나는 자칭 '나무 이름 갖기 운동'을 펼치면서 자귀나무 이름을 가진 사람에게 '자기야' 하고 부르곤 한다. 이런 사실을 잘 모르는 사람들은 간혹 오해하지만, 나무에 관심을 갖게 되면 오해는 눈 녹듯이 풀린다.

사람들이 자귀나무를 뜰로 끌어들이는 것은 나무를 통해 자신을 사랑하기 위해서이지 단순히 한 그루의 나무를 아끼기 위해서가 아니다. 이세상에서 가장 소중한 존재가 자신이라는 것을 모르는 사람은 없지만, 의외로 자신을 사랑할 줄 모르는 사람이 많다. 특히 자신을 사랑할 줄 몰랐던 세대는 나의 부모세대다. 그들은 대부분 평생 농사를 지으면서 자식 뒷바라지에 시간을 보내고, 정작 당신 스스로를 사랑하면서 사는 시간은 거의 없었다. 부모세대가 살았던 시대에는 자신을 사랑하는 법을 가르쳐주는 교육도 없었다.

세상에서 가장 중요한 존재가 자신이라는 사실을 알려주는 한자가 바로 '자自'다. 사람의 얼굴 중 코를 본뜬 '자'는 한 인간의 정체성을 상징하는 단어다. 이 세상의 중심은 자신이다. 그래서 한자 자는 '스스로'라는 의미와 함께 '부터'라는 의미도 갖고 있다. '부터'는 시작과 출발을 의미한다. 모든 것은 '나부터' 시작한다. 석가모니가 태어나면서 말했다는 '천상천하유아독존天上天下唯我獨尊'도 이 세상 모든 인간은 그 어디에도 구속되지 않는 존엄한 존재라는 뜻이다. 이 사실을 깨닫는 일이야말로 인간이 태어나서 죽을 때까지 해야 하는 일 중 가장 중요한 것이다.

자귀나무는 자기를 사랑할 줄 안다. 자기를 사랑하는 자는 모든 일을 자신부터 솔선한다. 자신을 사랑하는 자는 자유自由를 사랑한다. 자유는 스스로 말미암는 것이므로 누군가가 주는 것이 아니라 내가 쟁취하는

나무
철학

것이다. 나는 무언가를 스스로 결정하는 것을 좋아하기 때문에 자유라는 단어 역시 매우 좋아한다. 제자들이 공자의 말씀을 기록한 『논어』를 읽으면서 공감하는 구절을 만나면 무릎을 친다. 그런 후 책을 덮고 곰곰이 생각하는 시간을 즐긴다. 고전의 묘미는 바로 여기에 있다. 『논어』를 읽으면서 무릎을 친 구절이 아주 많지만, 그중에서도 "군자는 자신에게서 찾고, 소인은 남에게서 찾는다"에서는 무릎을 두 번 친다. 자신을 믿는 사람은 이 세상에서 가장 행복한 사람이고, 남을 탓하는 사람은 가장 불행한 사람이다. 요한복음에서는 "진리가 너희를 자유롭게 하리라"라고 했지만, 진정 자신에게 자유를 줄 수 있는 건 자기 자신이다.

자귀나무를 자기라 부를 수 있는 것은 무엇보다도 부부처럼 잎을 맞닿는 모습이 자연스럽기 때문이다. 한국과 중국에서의 자연自然은 노자가 『도덕경』에서 언급하고 있듯이 '스스로 그러한'이라는 뜻이다. 내가 나무를 사랑하는 것도 스스로 그러한 존재이기 때문이다. 나무가 스스로 그러한 존재가 아니라면 사람들은 나무를 아름답고 멋진 존재로 평가하지 않을 것이다. 스스로 그러한 자귀의 잎을 정성껏 눈여겨본 사람은 아마 죽을 때까지 그 아름다움을 잊지 못할 것이다. 더욱이 잎을 본 사람이라면 자귀나무를 왜 '자기'라 부를 수 있는지도 금방 이해할 수 있다.

자귀나무는 잎과 함께 꽃도 보는 사람을 황홀하게 만든다. 초여름 경에 피는 자귀나무의 꽃은 보통 분홍색이지만, 요즘에는 흰색도 볼 수 있다. 그런데 꽃 전체가 분홍색이 아니라 분홍색 수술 아랫부분은 흰색이다. 그 모습은 푸른 잎과 아주 잘 어울려 마치 한복을 곱게 차려입은 신랑 신부 같다. 특히 잎 위로 솟은 분홍 꽃잎은 결혼식 날 마치 신랑이 신부

자귀나무 꽃.

를 안고 있는 모습을 연상케 한다. 이런 모습의 자귀나무가 마당에 한 그루 살고 있다면 얼마나 행복할까.

스스로 주인으로 살기 위해서는 무엇보다도 자기自欺, 즉 자신을 속이는 일은 하지 말아야 한다. 나무는 자신을 속이지 않는다. 인간은 하루에도 몇 번씩 스스로를 속인다. 자신을 속이면 절대 가치 있는 결과가 나올 수 없다. 자신을 속이는 자가 남도 속인다. 그런데 남을 속일 수는 있어도 자신을 속일 수는 없다. 자기를 속이고 있다는 것을 스스로가 제일 잘 알고 있기 때문이다. 사람들과 만나면서 가장 가슴 아픈 순간은 자신감이 없는 사람과 대화를 할 때다. 자신감은 오만이 아니다. 스스로를 믿는 것이 자신감이다. 이 세상에 자신을 믿지 않고 제대로 할 수 있는 일이 어디 있을까. 믿음이 얼마나 중요한지에 대해서는 고대의 성현들이 일찍부터 얘기한 내용인지라 굳이 강조할 필요가 없다. 그중 믿음과 관련해서 가장 좋아하는 구절은 다음과 같은 공자의 말이다. "군자는 의로써 바탕으로 삼으며, 예로써 그것을 실천하며, 겸손으로써 그것을 내며, 믿음으로써 그것을 완성한다君子義以爲質, 禮以行之, 孫以出之, 信以成之."

자신을 사랑하는 자만이 자신을 믿을 수 있다. 그래서 믿음은 일의 시작과 끝이자 인생의 알파와 오메가다. 가을에 맺는 납작한 자귀나무의 열매는 믿음에 대한 결실이다. 자귀나무의 열매는 이 나무가 콩과라는 것을 잘 보여준다. 열매 안에 들어 있는 5~6개의 씨앗은 밖에서도 볼 수 있다. 자귀나무는 겨울에도 열매를 계속 달고 있지만, 잎은 가을에 모두 떨어진다. 가을이 깊어져 잎이 떨어지면 밤에 부부처럼 맞닿아 있던 모습도 더 이상 볼 수 없다. 그러나 아무리 금슬 좋은 부부라도 1년 내내 밤마다 붙어서 살아갈 수는 없는 법, 떨어질 때도 있어야 관계를 유지할 수 있다.

삶에는 충전이 필요하다. 갈잎나무가 잎을 버리는 것도 일종의 충전 기간이다. 가을에 잎이 떨어지면서 자귀나무의 잎을 볼 수 없는 것은 다행스러운 일이다. 잎이 떨어져 밤마다 사랑스런 모습을 볼 수는 없지만 그런 장면을 그리워할 수 있기 때문이다. 인간이 돌아가신 부모님을 평생 잊을 수 없는 것은 죽은 뒤에도 그리워하기 때문이다. 누군가를 그리워한다는 것만큼 깊은 사랑도 없다. 돌아가신 부모님을 그리워하는 것은 단순히 부모라서가 아니라 생전에 깊이 사랑했기 때문이다. 누군가를 깊이 사랑하기 위해서는 일정 기간 그리움의 시간이 필요하다. 만약 그리움의 시간을 인정하지 않고 마냥 함께하기만을 원한다면 그런 관계는 결코 오래갈 수 없을 것이다.

겨울에 인근 산에 가면 자귀나무를 만날 수 있다. 잎 떨어진 자귀나무는 사람들의 관심을 받지 못하지만, 여름에 자귀나무를 본 사람들은 겨울의 자귀나무를 그냥 지나치지 않는다. 사랑하는 사람은 떨어져 있어도 보이는 것처럼 겨울의 자귀나무에서 잎을 볼 수 있어야 진정한 사랑이다. 마음이 있으면 몸이 떨어져 있어도 사랑은 식지 않는다. 그래서 마음에 담아두고 있는지가 중요하다. 만약 그렇지 않으면 보아도 보이지 않는 법이니까. 아무리 주위에 나무가 많아도 나무에 관심이 없는 사람은 자신이 살고 있는 공간에 나무가 함께한다는 것을 모르면서 살아간다. 그러나 나무에 관심을 갖는 순간 눈만 뜨면 보이는 것이 나무다.

내가 사는 근방에도 자귀나무는 아주 흔하다. 겨울에 자귀나무를 찾는 것은 곧 자신의 마음을 찾는 여행이다. 자신을 사랑할 줄 아는 사람

나무
철학

은 마음을 찾아가는 여행을 즐긴다. 불교에서는 소를 마음에 비유해서 소를 찾아가는 장면을 보여주지만, 나는 마음을 찾기 위해 나무를 만난다. 나는 매일 직장에 오면서 자귀나무를 만난다. 그것은 직장 내에 자귀나무가 많아서이기도 하지만, 그동안 만났던 수많은 자귀나무가 내 마음에 살고 있기 때문이다. 마음에 나무를 키우는 자는 진정 나무를 사랑하는 사람이다.

나는 나무를 만나면서 자신을 사랑하는 법을 배웠다. 나무를 사랑하면서 자신을 사랑하는 법을 깨닫자마자 행복한 생활이 시작되었다. 신체의 모든 부분이 부모에게 받은 것임을 깨닫는 것이 효도의 시작이듯, 자신의 몸을 사랑하는 것이 행복의 시작임을 알았다. 나무를 사랑하기 전까지는 신체에 대한 저주가 불행의 원천이라는 것을 모른 채 내 신체 조건을 저주했다. 사람들은 자귀나무가 자신을 구박하지 않기 때문에 부부 사랑의 상징으로 생각한다. 나무는 스스로를 절대 구박하지 않는다. 오로지 자신을 존경하고 존중할 뿐이다. 자신에 대한 존경과 존중은 사랑이다. 상대방에 대한 사랑도 마찬가지다.

자신의 몸을 무시하는 자는 재앙을 피할 수 없다. 한 존재의 몸은 하늘이 내려준 선물이다. 흔히 신이 내린 몸이니, 신이 저주한 몸이니 하면서 몸을 상대평가하는 세태는 비판받아 마땅하다. 몸을 상대평가하는 것은 인간을 피부색으로 평가하거나 나무를 큰 것과 작은 것, 꽃이 화려한 것과 그렇지 않은 것으로 평가하는 것과 마찬가지다. 나무는 결코 불행의 씨앗을 만들지 않지만 생명에 대한 인간의 차별은 불행의 씨앗, 자멸의 종자를 잉태한다.

제8장

매일매일
즐겁게
살아갈 수 있을까

—
독락 獨樂 의 철학

누구나 매일매일 즐겁게 살고 싶어한다. 그러나 실제 그런 사람을 찾아보기는 어렵다. 만나는 사람마다 힘들다, 죽겠다고 하는 사람으로 넘친다. 소위 서민들의 일상은 정말 팍팍하다. 어떻게 하면 매일매일 즐겁게 살아갈 수 있을까. 나는 과연 매일이 즐거운가? 마음만 고쳐먹으면 즐겁게 살 수 있다고 말하면 참 나쁜 사람이된다. 아무리 마음을 고쳐먹어도 즐겁게 살 수 없는 상황이라면 어찌 해야 할까. 하루하루의 끼니를 걱정하는 사람이 마음만 고쳐먹는다고 해서 즐거울 수 있을까.

나는 나무를 만나면서 즐겁게 사는 방법을 찾았다. 나무가 직접 나에게 밥을 주는 것은 아니지만, 지금 나무 덕분에 먹고살고 있으니 간접적으로 밥을 주는 것과 같다. 내가 나무를 만나서 매일을 즐겁게 살아간다는 것에는 큰 의미가 담겨 있다. 나는 왜 나무를 만나면서 즐거움을 찾았을까? 나무를 만나기 전까지는 즐겁기는커녕 경제적인 문제로 나날이 고통의 연속이었다. 나에게 나무와의 만남은 일종의 혁명이었던 셈이다. 한 인간에게 찾아오는 혁명의 실체는 무엇일까. 그 비밀은 간단한 데 있다. 즐거움은 바로 좋아하는 데서 출발한다는 사실이다.

즐겁게 사는 사람들의 공통점은 좋아하는 것이 있다는 점이다. 반대로 즐겁게 살지 못하는 사람의 공통점은 좋아하는 것이 거의 없다는 점이다. 즐거움을 뜻하는 한자 '낙樂'을 잘 살피면 쉽게 답을 찾을 수 있다. 한자 낙은 '좋아하다'라는 뜻을 함께 지니고 있다. 즐거울 낙이 좋아한다는 뜻으로 사용된 예는 "인자한 사람은 산을 좋아하고仁者樂山, 지혜로운 사람은 물을 좋아한다知者樂水"는 공자의 말에서 확인할 수 있다. 좋아하는 대상에 따라 성품도 달라진다는 뜻이다. 인자한 사람이 산을 좋아하는 것은 산이 고요하기 때문이고, 지혜로운 사람이 물을 좋아하는 것은 물이 움직이기 때문이다. 그런데 공자는 즐기는 자는 산을 좋아하는 인자한 사람이 아니라 물을 좋아하는 지혜로운 사람이라 보았고, 산을 좋아하는 인자한 사람은 오래 산다고 보았다.

산을 좋아하든 물을 좋아하든 중요한 것은 좋아하는 대상이 있다는 사실이다. 내가 좋아하는 대상을 나무로 택했듯이 누구든 좋아하는 대상을 정하는 것이 중요하다. 그러면 과연 어떤 대상을 선택할 것인가. 무엇을 선택할지는 전적으로 개인의 자유이고, 스스로 선택해야 한다. 좋아하는 대상은 사람마다 다를 수밖에 없고, 그런 선택은 반드시 존중받아야 한다. 중국 고대인들은 즐거움의 대상을 참나뭇과의 상수리나무에서 찾

나무
철학

았다. 지금부터 5000년 전 중국 은나라 사람들이 상수리나무를 애정의 대상으로 삼은 것은 그만한 이유가 있었다.

상수리나무는 중국과 한국의 마을에서 아주 쉽게 만날 수 있는 나무 중 하나다. 그들은 일상을 상수리나무와 함께했고, 상수리나무는 인간의 삶에 적지 않은 도움을 주었다. 갈잎 상수리나무의 잎은 농사에 필요한 거름이었고, 가지는 땔감이었다. 그런데 사람들이 상수리나무를 좋아한 가장 중요한 요인은 이 나무의 열매 때문이었다. 한자 낙樂은 바로 이 나무의 열매를 의미한다. 상수리나무의 열매는 농사가 잘되었을 경우에는 가축의 먹이가 되었지만, 농사가 흉년일 때는 사람의 양식이었다. 상수리나무의 열매처럼 사람이 아주 어려울 때 목숨을 구해주는 식물을 '구황식물救荒植物'이라 부른다. 상수리나무는 구황식물 중 으뜸이었다. 상수리나무라는 이름도 조선의 선조가 임진왜란으로 피란 갔을 때 마을 사람들이 상수리나무의 열매인 도토리로 만든 음식을 바쳤고, 환궁한 임금이 그 맛을 잊지 못해 다시 수라상에 올렸다는 데서 유래한다.

자신이 어려울 때 목숨까지 구해주는 나무를 어떻게 좋아하지 않을 수 있을까. 그런데 이 과정을 보면 중요한 사실을 하나 발견할 수 있다. 바로 상수리나무가 항상 그들 곁에 있었다는 사실이다. 고대인들이 좋아한 상수리나무는 먼 곳에 있지 않았다. 상수리나무는 집 밖에 나가면 바로 만날 수 있는 동네 뒷산에 살고 있었다. 누군가가 무언가를 좋아할 때 그 대상은 결코 먼 곳에 있지 않고 가까운 곳에 있다. 내가 나무를 선택한 것도 나무가 늘 내 곁에 있는 존재이기 때문이다. 가까운 곳에서 의미를 찾는 방법을 '근사近思'라고 한다. 근사는 『논어』에서 공자의 제자인 자하가

상수리나무와 그 열매인 도토리.

이야기한 개념으로, 자하는 가까운 곳에서 생각하면 그 가운데 공자의 핵심 사상인 '인仁'이 있다고 생각했다. 나는 자하의 이 말을 좋아한다. 내가 공부하는 방법도 근사이고, 중국과 한국의 성리학자들의 공부 방법도 여기에 있었다.

좋아하는 대상이 생기면 즐거움은 자연스럽게 따라온다. 즐거움은 사람마다 다르지만 가치를 어디에 두느냐에 따라서 즐거움의 대상도 다르다. 『논어』에서 공자의 제자들이 스승의 말씀을 편집하면서 책의 첫머리를 즐거움에 대한 언급으로 시작한 것은 의미심장하다. 이는 그만큼 공자의 철학이 즐거움에 있다는 것을 증명한다. 『논어』의 첫 구절은 "배우고 그것을 때때로 익히면 또한 기쁘지 아니한가?"다. 공자는 제자들에게 배움의 즐거움(기쁨)을 누차 강조했을 것이고, 제자들은 공자의 그런 뜻을 살려 작품의 첫 구절에 넣었을 것이다. 그런데 배운다는 것은 단순히 글자를 익히는 차원이 아니다. 주자의 지적대로 '본받는다'는 뜻이다. 그래서 나무를 보는 것도 배우는 일이다. 그러나 현재 우리 교육에는 나무와 풀이 없다. 배운 것을 익히는 것은 체득하는 과정이고, 체득은 곧 깨달음이다. 내가 나무를 공부하는 것 역시 나무의 삶을 본받아 깨닫는 과정이다.

공자가 두 번째로 언급한 즐거움은 친구와의 만남이다. 사람들은 너나없이 친구가 있지만, 정말 마음이 통하는 친구는 많지 않다. 마음이 통하는 친구가 늘 곁에 있는 것도 아니다. 여러 사정으로 멀리 떨어져 있는 경우, 그런 친구가 스스로 찾아오면 이 얼마나 즐거운 일인가. 친구들끼리의 대화에서 자주 듣게 되는 말은 "왜 너 요즘 연락 안 해, 연락 좀 하고 살자"다. 친구가 생각나면 먼저 전화하면 그만이지 왜 친구더러 먼저 전화하지 않느냐고 핀잔하는지 알다가도 모를 일이다. 진정 친구가 보고 싶으면 불원천리하고 먼저 찾아가면 되는 일이지 왜 자신을 찾아오지 않는다고 핀잔할까.

나이가 들면서 즐거움의 대상도 늘어나거나 바뀐다. 결혼한 사람들의 경우 가장 절실하게 느끼는 것 중 하나가 부모 형제의 존재다. 결혼한 후 자식을 낳고 부모 노릇하면서 부모의 중요성을 깨닫기 때문이다. 나도 결혼 후에야 『맹자』에서 군자의 세 가지 즐거움 중 "부모가 모두 살아 계시고, 형제가 별 탈 없는 것"을 꼽은 이유를 알았다. 맹자는 제자를 양성하는 일도 군자의 즐거움으로 꼽았지만, 책이 드물고 스승의 말씀에 전적으로 의존했던 시절과 달리 요즘에는 제자 양성에서 즐거움을 찾는 사람은 아주 적다. 그러나 하늘과 사람에게 부끄러워하지 않는 것을 즐거움으로 꼽았던 맹자의 말씀은 아주 울림이 큰 철학이다. 이 구절은 다소 추상적이지만, 즐거움을 도덕적인 차원에서 찾았다는 점에서 가슴 깊이 새길 만하다. 나무에서 열매를 얻고, 배우면서 익히고, 부모와 형제가 별 탈 없이 생존하고, 제자를 기르는 일 등이 모두 즐거움의 대상이지만, 모두 내 마음 밖에 존재하는 대상이다. 그런데 진정 즐거운 인생이 되려면 하늘과 사람에게 부끄러워하지 않는 삶이라야 한다. 그렇지 않으면 다른 것을 모두 갖추었더라도 마음이 편할 수 없다.

즐겁게 사는 방법 중 하나는 생명체와 현상을 아주 소중하게 생각하는 것이다. 매일매일 즐겁게 사는 사람은 어떤 경우에도 감사하는 마음을 갖는다. 이 세상에 쓸모없는 것은 없다. 길가에서 만나는 풀 한 포기, 나무 한 그루 모두 소중하고 돌멩이 하나, 흙 한 줌이 소중하지 않은 게 없

나무
철학

다. 그러나 인간은 눈앞의 사물을 상대적 가치로 판단하고 무시하기 일쑤다. 그래서 중국 전국시대 『장자』에는 상수리나무가 가죽나무와 함께 쓸모없는 존재의 상징으로 등장한다.

요즘 사람들은 서로 쓸모 있는 존재로 평가받기 위해 온갖 수단과 방법을 동원한다. 마치 자신의 능력을 자랑하지 않으면 살아남을 수 없는 것처럼 자신의 능력을 자랑하는 글과 사진이 난무하고 자기 홍보에 혈안이다. 장자가 살았던 전국시대도 마찬가지였다. 그러나 장자는 수단과 방법을 가리지 않고 자신의 능력을 발휘해서 출세하는 자가 칭송받았던 시대에 쓸모없는 자가 살아남는다는 역설로 스스로를 위로했다. 오늘날 대기만성大器晚成이라는 단어를 믿는다고 하면 아마 시대에 뒤떨어진 사람으로 평가할 것이다. 50세 이전에 회사에서 쫓겨나는 판국에 '큰 그릇은 늦게 만들어진다'고 얘기하면 미친 사람 취급을 받을지도 모른다. 그러면 장기적인 전쟁으로 나라가 어지러웠던 시대에 살았던 장자도 과연 정신 나간 사람일까. 오히려 수단과 방법을 가리지 않아서 살아남지 못한 것은 아닐까. 사물과 자신에 대한 과소평가가 삶을 어렵게 만드는 것은 아닐까.

나는 『장자』에서 "곧은 나무는 빨리 잘리고, 단 우물은 빨리 마른다"는 구절을 좋아한다. 장자가 살았던 시대처럼 지금도 소위 일류 학교 출신들이 좋은 직장을 얻을 확률은 아주 높지만, 그것이 반드시 인생의 즐거움을 보장하지는 않는다. 장자의 지적처럼 곧은 나무는 다 자라기도 전에 잘려버리고, 단물은 쉽게 찾아가 먹다 보면 곧 말라버린다. 이른바 출세한 자식이 부모를 잘 봉양하지 않듯, 학업 성적이 좋고 월급 많이 주는 회사에 들어갔다고 해서 반드시 오랫동안 즐겁게 사는 것도 아니다. 상수리나무가 타고난 운명처럼 오랫동안 살아남을 수 있었던 것은 굽어서 사람들의 눈에 띄지 않았기 때문이다. 많은 사람이 쓸모 있다고 생각하면 당장에는 기분이 좋을지도 모른다. 사람들이 쓸모없다고 평가하면 당장에는 기분이 나쁠지 모른다. 그러나 영원히 처음처럼 쓸모 있는 존재로 평가받을 수 없고, 평생을 쓸모없다고 평가받지도 않는다. 나도 나이 마흔이 넘어서야 능력을 발휘할 기회를 맞이했다. 그전에는 세상이 나의 능력을 인정하지 않았다. 그러나 세상에 인정받지 못했다고 해서 반드시 불행한 것은 아니다. 이럴 경우 '인간만사 새옹지마塞翁之馬'라는 말을 쓴다. 공자가 "남이 나를 알아주지 않더라도 화내지 않으면 또한 군자가 아니던가?"라고 한 말도 곱씹어보면, 성인인 공자마저 세상에서 자신을 인정해주지 않는 것을 고민했다는 말이다.

남의 능력에 관심을 갖기보다는 자신이 가진 능력을 정확하게 파악하는 것이 즐기는 인생의 지름길이다. 『장자』에는 지네와 뱀의 우화가 기록되어 있다. 발이 아주 많은 지네가 외출해서 발이 하나도 없는 뱀을 보고 뱀의 능력을 부러워하자, 뱀이 바람을 얘기하면서 위로하는 내용이다. 지네와 뱀은 서로 타고난 능력이 다른데도 지네는 쓸데없이 자신의 능력을 뱀과 비교하는 터에 번뇌에 빠지고 능력을 발휘할 기회마저 갖지 못한 것이다. 이만큼 안타까운 일도 없다. 장자는 스스로를 긍정하는 자세가 중요하다는 메시지를 우리에게 던지고 있다. 또한 '늙은 말의 지혜'를 뜻하는 '노마지지老馬之智'라는 고사성어 역시 아무리 하찮은 것일지라도 저마다 장기나 장점을 지니고 있다고 이야기한다.

살아 있는 자체가 즐거움이다. 생존 자체를 즐거움으로 생각하지 않

나무
철학

는다면 어디서 즐거움을 찾을 것인가. 살아 있는 것이 즐거움이라면 나무처럼 혼자서 즐기는 것이 최고의 경지일지도 모른다. 혼자 즐기는 것은 '독락獨樂'이다. 다른 사람의 방해를 받지 않고 침묵하면서 내면을 성찰하는 즐거움이다. 평생을 수도원에서 보내는 수도승, 깨달음을 위해 암자에서 정진하는 스님 등이 독락의 고수지만, 보통 사람들도 얼마든지 독락의 경지에서 살아갈 수 있다. 조선의 선비 회재 이언적은 경주 안강에 독락당을 짓고 인생을 즐겁게 보냈다. 하지만 굳이 풍광이 아름다운 곳에 정자를 짓지 않아도 자신이 살고 있는 공간에서 얼마든지 독락할 수 있다. 독락은 몸 하나로 충분하고, 한 그루의 나무만으로도 넘치기 때문이다.

길을 가다가 풀 한 포기 보거든 발걸음 멈추고 앉아서 풀과 눈을 맞추면 마음에 기쁨이 넘칠 것이다. 산에 가서 큰키나무 한 그루 만나거든 발걸음 멈추고 고개 들어 나무를 바라보면 우주의 기운이 가슴을 벅차게 만들 것이다. 혹 봄날 산에 가거든 상수리나무의 꽃을 보라. 소위 도토리만 생각했던 사람들은 잎과 함께 피는 상수리나무의 꽃은 보는 순간, 또 다른 즐거움을 만끽할 것이다. 즐거움은 발걸음을 멈추고 어딘가 눈길을 주는 순간 생긴다. 작은 가지에 축 늘어진 부드러운 황색 꽃은 힘든 산행을 훨씬 가볍게 만들 것이다. 정말 즐길 줄 아는 사람은 꽃만 보지 않고 연두색의 잎에도 눈을 맞출 것이다. 어떤 나무든 새로 돋는 잎은 갓난아기를 보면 귀여워서 어쩔 줄 모르는 것처럼 말로 형언할 수 없을 만큼 예쁘다. 그러나 상수리나무를 비롯한 나무들의 잎은 시간이 지나면서 색깔이 바뀐다. 상수리나무의 연둣빛 어린잎도 시간이 지나면서 짙은 초록으로 바뀌는 것처럼 말이다.

상수리나무의 단풍.

봄에 산에 올라 상수리나무의 잎을 본 사람이 가을에 떨어진 상수리나무의 잎을 본다면 봄에 느낀 즐거움과 또 다른 즐거움을 맛볼 수 있다. 떨어진 상수리나무의 잎을 주워서 찬찬히 살피면 앞면과 뒷면이 같다는 사실을 발견할 것이다. 상수리나무 잎의 앞뒷면 색깔이 같다는 사실을 아는 것이 왜 큰 즐거움일까. 상수리나무를 포함한 참나뭇과의 나무를 구분하는 방법 중 하나가 잎이기 때문이다. 특히 상수리나무와 굴참나무의 잎은 모양이 아주 비슷해서 앞뒤의 색깔로 구분한다. 굴참나무의 잎은 앞뒤의 색깔이 다르기에 가능하다. 가을 산에 올라 상수리나무의 잎을 찾아보자. 아는 즐거움을 만끽할 수 있을 것이다.

제9장

'뿐'
정신으로
살아가기

위기爲己의 철학

　　　　　　　　인생을 좌우하는 것을 정확하게 알고
실천하면 훨씬 행복하게 살아갈 수 있다. 그래서 옛날부터 사람들은 나름
의 좌우명座右銘을 정했다. 좌우명은 '명銘'이다. 중국 고대부터 시작된 명은
그릇 등에 사적을 기록한 것을 말하지만, 자신이나 다른 사람을 경계하는
일종의 잠언箴言이기도 했다. 예컨대 은나라 탕왕湯王은 목욕하는 대야(반
盤)에 "매일 새롭고 또 새롭다日新又日新"라는 좌우명을 새겼다. 사람들이 좌
우명을 선택할 때는 대개 역사에서 유명한 사람의 말을 빌린다. 나의 좌
우명 중 하나인 '뿐' 정신도 세종대왕의 훈민정음 정신과 성리학자들의 공
부 방법에서 빌린 것이다.

　　　나는 조선의 왕 가운데 세종을 좋아하는데 그 이유는 그가 한글을
만든 정신 때문이다. 세종이 한글을 만든 정신은 「훈민정음 서문」에 잘 나

와 있다.

나랏말ᄊᆞ미 듕귁에달아 문ᄍᆞᆼ와로 서르 ᄉᆞᄆᆞᆺ디 아니ᄒᆞᆯᄊᆡ 이런 젼ᄎᆞ로 어린빅셩이 니르고져 홇배이셔도 ᄆᆞᄎᆞᆷ내 제ᄠᅳ들 시러펴디 몯홇노미 하니라. 내이ᄅᆞᆯ 윙ᄒᆞᆡ 어엿비 너겨 새로 스믈여듧ᄍᆞ롤 밍ᄀᆞ노니 사ᄅᆞᆷ마다 ᄒᆞ〫ᅇᅧ 수ᄫᅵ 니겨 날로 ᄡᅮ메 뻔한크ᅵ ᄒᆞ고져 홇ᄯᆞᄅᆞ미니라.

세종이 훈민정음을 만든 것은 우리와 중국 간의 문자가 달라 백성이 자신의 생각을 펼칠 수 없다는 측은지심惻隱之心에서 출발했지만, 세종은 다만 문자를 통해 백성이 편하게 살아가길 원했을 뿐이다. 그래서 나는 세종의 훈민정음 정신이 '따라미니라', 즉 '뿐'에 있다고 생각한다. 세종이 많은 사람의 반대를 무릅쓰고 한글을 만들었던 데에는 분명 권력을 확고히 하려는 일말의 욕심도 없진 않았겠지만, 무엇보다도 한글을 통해 백성이 자신의 생각을 마음껏 펼칠 수 있길 바랐기 때문이었다. 이렇게 이야기하면 권력의 속성을 모른다는 비판을 받을지도 모르지만 백성을 생각하는 세종의 그런 마음이야말로 정치에서 가장 중요한 것이고, 권력을 유지하기 위한 전략이다. 백성의 마음을 사로잡으려는 세종의 전략은 정치가라면 갖추어야 할 기본자세이지만, 왕조시대의 정치가들은 백성보다는 지배층의 마음을 사로잡는 데 몰두했다. 이런 점에서 이른바 '한글창제 프로젝트'는 단순히 백성을 위한 정책이 아니라 자신을 위한 원대한 정책이었던 듯하다. 만약 세종의 한글창제가 단순히 백성을 위한 정책이었다면

나무
철학

결코 반대론자들의 공격을 끝까지 견디지 못하고 중도에 포기했을 것이다. 세종은 한글창제를 통해 백성의 마음을 얻어야만 성공할 수 있다는 사실을 우리나라 정치사에서 가장 먼저 실현한 정치가일지도 모른다.

세종의 '뿐' 정신은 삶의 자세가 인생에서 얼마나 중요한지를 보여준다. 나이 들면서 강하게 드는 생각 중 하나가 '자세'다. 사람의 됨됨이를 평가할 때도 자세를 보면 어느 정도 짐작할 수 있다. 내가 '뿐'을 좌우명으로 삼고 있는 것도 삶의 태도가 매우 중요하다는 것을 깨달았기 때문이다. '뿐' 정신은 '위기爲己'다. 위기는 '자기를 위한다'는 뜻이다. 모든 생명체가 살아가는 본질인 위기는 현재 우리나라에서 제대로 평가받지 못하고 있다. 지금 시대에 퇴계와 남명 등의 성리학자들이 추구한 위기 정신을 강조하는 경우는 아주 드물다. 많은 사람이 자신을 위한다는 위기를 제대로 평가하지 않는 이유는 이를 '자기중심주의'로 오해하고 있기 때문이다. 성리학자들이 사서삼경 등을 공부한 것은 본질적으로 과거 합격을 통해 출세하기 위해서가 아니라 성인이 되려는 깨달음의 과정이었다. 그래서 성리학자들의 공부 자세를 이른바 '위기지학爲己之學'이라 하고, 보여주기 위한, 다시 말해 좋은 직장을 얻기 위한 공부인 '위인지학爲人之學'을 무척 경계했다. 많은 유학자가 관직에 진출했을 뿐 아니라 부정과 부패의 장본인이 되기도 했지만 만약 위기지학의 정신이 없었더라면 우리가 자랑스럽게 생각하는 조선의 선비는 한 사람도 없었을 것이다. 위기지학에는 자신을 바르게 한 뒤에야 다른 사람을 가르치거나 세상에 나아가 일을 할 수 있다는 철학이 담겨 있다.

모든 생명체는 자신만을 위해 살아가는 본능을 갖고 태어난다. 따라서 우리는 애초부터 남을 위해 살 수 없는 존재이기에 남을 위해 살아가는 사람을 높이 평가한다. 그런데 좀더 솔직하게 자신을 들여다보면 남을 위해 살아간다는 말이 거짓이라는 것을 알게 된다. 부모들은 자주 '내가 누굴 위해 이 고생을 하는 줄 아느냐'고 말하지만, 가슴에 손을 얹고 생각해보면 이 말은 거짓이다. 이 세상 어떤 부모도 오직 자식을 위해 산 적은 없다. 인간은 자신이 살기 위해서 자식을 낳았고, 자식이 잘되어야 자신이 행복하다고 생각해서 자식 뒷바라지를 했을 뿐임에도 자식을 위해서 인생을 바쳤다고 생각한다. 이런 잘못된 생각 때문에 자식이 성장해서 조금이라도 부모의 뜻에 어긋나게 행동하면 불효자라 여기거나 자식을 원망한다.

세상에는 스스로 말해야 할 것이 있고, 말하지 말아야 할 것이 있다. 부모는 자신을 위해 성실하게 살았을 뿐이지만 그 성실함으로 인해 자식은 나무처럼 무럭무럭 자랄 수 있었다. 그런데 부모가 자식을 위해 희생했다고 말하는 순간, 부모의 희생은 희생이 아니라 자랑으로 변한다. 만약 부모가 자식에게 보여주기 위해 살았다면 그렇게 힘든 과정을 견딜 수 없었을 것이다. 부모가 어려운 상황을 견딜 수 있었던 것은 자식을 위해서가 아니라 자신이 그렇게 살지 않으면 부모 역할을 할 수 없다고 생각했기 때문이다. 부모가 효도를 기대하면서 자식을 기른다면 그건 절대적인 사랑이 아니다. 내가 이렇게 해줬으니 당연히 자식도 그렇게 해야 된다고 생각한다면 그건 사랑이 아니라 거래다. 부모는 자식을 독점할 수 없다. 부모의 위대함은 자식의 사랑을 기대하지 않고 오로지 내가 원해서 낳은 자식에 대해 책임을 다할 때 빛난다.

나무
철학

경기도 양평 용문사 은행나무(천연기념물 제30호).

경기도 양평 용문사에 있는 은행나무는 누굴 위해 살까. 나무는 오로지 자신만을 위해 살 뿐이다. 이곳의 은행나무가 47미터까지 하늘로 오르는 동안 1000년 이상의 시간이 걸렸다. 그런데 한 번도 누굴 위해 산다고 하지 않았다. 용문사 은행나무가 철마다 이곳을 찾는 사람을 위해 1000년 동안 산 것은 아니다. 은행나무는 사람이 오든 말든 관계없이 오로지 자신의 생존을 위해 살고 있을 뿐이다. 은행나무가 거의 매년 엄청난 열매를 만드는 것도 오로지 자신의 후손을 위할 뿐이다. 나는 나무를 통해 '뿐' 정신의 실천이 얼마나 위대한지를 목격한다.

용문사의 은행나무가 만들어낸 엄청난 양의 열매는 스님들 차지다. 그러나 은행나무는 스님들을 위해 열매를 만들었다고 하지 않았다. 은행나무는 사람들에게 열매를 준 적이 없다. 인간이 그것을 허락도 없이 가지고 왔을 뿐이다. 은행나무는 열심히 살았을 뿐인데, 사람들은 은행나무 덕분에 많은 열매를 얻는다. 성리학자들의 위기 정신도 마찬가지다. 『대학』의 8가지 공부 방법 중 수신, 제가, 치국, 평천하는 각각 다른 공부가 아니라 결국 하나다. 따라서 자신의 몸을 닦는 일은 곧 천하를 태평하게 만드는 일이다. 오로지 자신만을 위해 최선을 다하면 자연스럽게 남을 위하게 된다. 그런데 요즘 세상에는 봉사마저 중요한 경력 쌓기의 수단이 된다. 더욱 가관인 것은 대통령을 비롯한 국가기관이나 교직에 몸담고 있는 사람들이 국가와 소속 기관을 위해 봉사한다고 생각한다는 사실이다. 대통령이 어떻게 국가를 위해 봉사할 수 있는가. 누가 대통령에 출마하라고 하지도 않았는데 자신을 위해 선택한 일을 두고 봉사라고 자랑하는 것만큼 우스꽝스러운 장면도 없다.

나무
철학

나무는 오로지 살아남기 위해 치열하게 살아갈 '뿐'이다. 나무의 치열한 삶을 유교의 개념에서 찾는다면 『중용中庸』의 '성실誠實'이라고 할 수 있다. "성실은 하늘의 도리이고, 성실하려는 노력은 사람의 도리다誠者天之道, 誠之者人之道." 한순간도 성실하지 않으면 만물은 결코 존재할 수 없다. 이 세상의 모든 생명체는 태어나는 순간부터 죽을 때까지 성실하게 살아가야 할 의무가 있다. 그 이유는 아주 간단하다. 세상을 살면서 성실하지 않고 사는 법이 또 있는가? 다른 방법을 알고 있는 사람은 그렇게 살 테지만, 나는 아직 그런 방법을 모른다. 그래서 나무처럼 성실하게 살 뿐이다. 나무의 삶을 산다는 것은 누구에게도 그러한 삶 자체를 자랑하지 않는다는 뜻이다. 나무는 어떤 경우에도 자신의 삶을 자랑하지 않기에 존경받을 만하다.

나는 일을 하면서 늘 즐거운 마음을 갖는다. 나무를 공부하면서부터 생긴 삶의 태도다. 어떤 일이든 즐거운 마음으로 하기 위해서는 '뿐' 정신이 필요하다. '뿐' 정신의 실천을 위해서는 모든 일이 나의 몫이라는 철학이 필요하다. 어떤 일이든 이 세상에 남의 일이란 없다. 내가 하는 일은 나의 일일 뿐이다. 어떤 연유로 맡은 일이든 한번 맡게 된 이상 나의 일이 아닌 게 없다. 그런데 일을 하고 있으면서도 자신의 일로 여기지 않고 남의 일로 여기는 사람이 적지 않다. 남의 일로 생각하면 무척이나 힘들고, 즐거운 마음으로 할 수 없게 된다. '내가 이 일을 왜 하지, 이 일 한다고 월급을 더 주는 것도 아니고, 남이 알아주는 것도 아닌데 왜 하지'라는 생각을 한다면 이 세상에 나를 위해 할 수 있는 일이 얼마나 될까. 집안에서 일하는 것도, 회사에서 일하는 것도 모두 자신의 일이 아니라면 도대

체 자신을 위한 일은 어디에서 찾을 수 있을까. 자신이 맡은 일을 자신의 것으로 여기면 절대 남을 원망하지도 탓하지도 않는다. 나는 그런 정신으로 이성복 시인과 함께 일한 적이 있고, 시인은 나의 이런 태도에 대해 다음과 같은 시를 발표했다.

기파랑을 기리는 노래 1
—나무인간 강판권

언젠가 그가 말했다. 어렵고 막막하던 시절
나무를 바라보는 것은 큰 위안이었다고
(그것은 비정규직의 늦은 밤 무거운 가방으로 걸어 나오던 길 끝의 느티나무
였을까)

그는 한 번도 우리 사이에
자신이 있다는 것을 내색하지 않았다
우연히 그를 보기 전에는 그가 있는 줄을 몰랐다
(어두운 실내에서 문득 커튼을 걷으면 거기 한 그루 나무가 있듯이)

그는 누구에게도, 그 자신에게조차
짐이 되지 않았다
(나무가 저를 구박하거나 제 옆의 다른 나무를 경멸하지 않듯이)

도저히 부탁하기 어려운 일을

부탁하러 갔을 때

그는 또 잔잔히 웃으며 말했다.

아니, 그건 제가 할 일이지요

어쩌면 그는 나무 이야기를 들려주려

우리에게 온 나무인지도 모른다

아니면, 나무 이야기를 들으러 갔다가 나무가 된 사람

(그것은 우리의 섣부른 짐작일 테지만 나무들 사이에는 공공연한 비밀)

_2008년 제53회 현대문학상 시 부문 수상작

　은행나무의 잎은 오리발을 닮았다. 그래서 중국에서는 송나라 이전까지 은행이라는 이름 대신 압각수鴨脚樹라 불렀다. 은행나무의 열매는 익으면 누런 살구 모양이지만, 열매의 과육을 벗기면 은빛 살구다. 은행나무의 열매는 강한 독성을 품고 있어서 피부가 민감한 사람이 만지면 피부병에 걸릴 가능성이 높다. 사람들은 은행나무의 열매와 잎을 건강 식품으로 애용하지만, 은행나무는 사람들이 열매를 쉽게 먹지 못하도록 강한 독성을 만들었다.

　조선시대 사람들은 중국에서 들여온 은행나무를 집 앞이나 서원 등에 심어 스승으로 삼았다. 은행나무를 스승으로 삼은 것은 공자가 살구나무 밑, 즉 행단杏壇에서 제자를 가르친 데서 유래하는데, 왜 살구나무 대

나무
철학

신 은행나무로 교체했는지는 알 수 없다. 은행이든 살구든 중요한 것은 나무를 성찰의 대상으로 삼았다는 점이다. '뿐' 정신인 위기爲己는 절대 나와 타인을 구분하지 않는 물아일체物我一體의 정신이다. 그래서 뿐 정신은 삶의 등대이자 타인과의 관계를 평등하게 만드는 벼리綱다.

제10장

손으로
꽃을
꺾지 마라

—
역지사지易地思之의 철학

최근 건강을 생각하는 사람들이 늘면서 주말이면 등산객으로 산이 비좁을 정도다. 특히 봄철에는 봄을 즐기는 상춘객賞春客 때문에 산이 몸살을 앓는다. 그래서 요즘에는 산도 사람처럼 일정 기간 쉬게 하는 안식년을 실시한다. 생활수준이 높아지면서 사람들의 관심도 달라졌는데 그중 하나는 식물에 대한 관심이 높아진 것이다. 그래서 도시 인근에 딸기나무와 풀을 화분에 심어 파는 가게가 적지 않고, 주말이면 가게 안은 화분을 구경하는 사람들로 북적인다. 이러한 현상은 예전에 볼 수 없던 풍경이다.

나도 집에서 가까운 산을 종종 찾는다. 아내와 함께 산에 다니면서 약속한 게 하나 있다. 늘 다니는 산을 사계절 관찰하자는 것이다. 절대다수의 사람이 산을 찾는 목적은 건강에 있기 때문에 그런 사람들은 가능하면 쉬지 않고 빠른 걸음으로 목표 지점에 도달한다. 그래서 주말에 부모님과 산에 오르는 아이들은 힘든 경험을 피할 수 없다. 아이들은 부모의 채찍질에 마지못해 산을 오르지만, 산에 왜 올라야 하는지에 대해서는 생각할 틈이 없다. 아이들을 산에 데리고 오는 부모들은 그저 오르는 데 급급할 뿐이다. 이 과정에서 산에 대한 고마움이나 즐거움은 느낄 수 없고 아이들에게 산은 그저 힘들고 벅찬 대상이 된다.

내가 인근 산을 사계절 동안 관찰하려는 것은 산에서 살고 있는 식물에 대한 관심이 인생을 무척 행복하게 할 수 있는 지름길이라 생각하기 때문이다. 늘 넉넉하지 못한 사람들이 부자들을 부러워하지 않고 즐겁게 살아가기 위해서는 조그마한 일에 만족할 줄 알아야 한다. 주말에 가족 단위로 산에 오는 사람들은 이미 행복한 삶을 누리고 있을 테지만, 조금만 생각을 바꿔보면 훨씬 큰 행복을 느낄 수 있을지도 모른다. 나는 식물을 관찰하는 일이야말로 그 어떤 것보다 보통 사람들이 행복할 수 있는 방법이라 생각한다.

식물을 관찰하면서 산에 오르면 작은 산일지라도 한 바퀴 도는 데 무척 오랜 시간이 걸리지만, 그 대신 재미있는 시간을 누릴 수 있다. 이런 식으로 사계절 산의 자연 생태를 관찰하면 늘 다니는 산길도 새롭다. 그러나 사계절 산길이 늘 새로우려면 다른 존재의 변화를 관찰할 수 있는 마음이 열려 있어야 한다. 그렇지 않으면 주위에서 아무리 큰 변화가 생기더라도 소용이 없다.

간혹 멀고 큰 산을 찾을 때가 있어도 나는 거의 정상에 오르는 일이 없는데 일부러 오르지 않는 게 아니라 정상까지 올라갈 시간이 없기 때문

나무
철학

이다. 산에 오르면서 나무와 풀을 관찰하다 보면 시간이 늘 부족하다. 그러니 구태여 정상에 올라갈 생각을 하지 않는다. 굳이 정상에 갈 이유도 없다. 처음 찾는 낯선 길은 아는 길보다 시간이 많이 걸린다. 그러나 낯선 길은 힘들기도 하지만 행복하고 즐겁다. 낯선 길은 모르는 길이라서 속력을 낼 수 없어 더디다. 아는 길은 익숙해서 속력을 낼 수 있기에 빠르다. 나는 익숙한 길만큼이나 낯선 길을 좋아한다.

그 이유는 익숙한 길에서 느끼는 것과는 다른 즐거움을 얻을 수 있기 때문이다. 낯선 길에서는 무엇보다 상상할 수 있는 기회가 많다. 처음 찾는 길은 시작부터 흥분된다. 과연 길이 어떤 방향으로 진행될 것인지, 목적지까지 얼마나 걸릴 것인지, 길은 어떤 모양인지, 길가에는 어떤 식물들이 살고 있는지 등 궁금한 게 셀 수 없이 많다. 특히 길을 걸으면서 풍경을 카메라에 담는 습관 때문에 목적지까지 도착하는 데 매우 오랜 시간이 걸린다. 시간이 많이 걸리는 것만큼 즐거움이 몸속에 쌓인다. 카메라에 장면을 담는 것은 주변의 풍광을 한 번 더 마음에 담는 것과 같다. 더욱이 카메라에 풍광을 담는 과정은 단순히 눈으로 보는 것보다 훨씬 자세하게 볼 수 있다는 장점이 있고, 촬영하면서 이런저런 생각도 할 수 있다.

산을 찾는 사람들은 대부분 뒤를 돌아보지 않고 앞으로만 걷는다. 앞으로 걷다 보면 목적지에는 빨리 도착할 수 있지만, 자신이 걸었던 뒷모습을 볼 수 있는 기회를 갖지 못한다. 그래서 나는 한참을 걷다가 한 번씩 꼭 뒤를 돌아본다. 뒤를 돌아보는 순간, 나의 흔적이 아직 사라지지 않고 있다는 것을 느낀다. 더욱이 뒤 장면은 앞 장면과 사뭇 다른 모습이다. 같은 공간인데도 어느 위치에서 보느냐에 따라 사물은 상당히 다른 모습을 하고 있다. 특히 봄철 산길을 걷다 보면 생강나무, 산수유, 진달래, 개나리, 찔레, 분꽃나무 등 꽃향기로 발걸음을 쉽게 뗄 수 없다. 그러나 봄철 산길에서 가끔 안타까운 장면을 목격하기도 한다.

바로 사람들이 꽃을 꺾는 장면이다. 산에서 꽃을 꺾는 일쯤이야 옛날부터 있어온 일이기에 결코 낯선 장면이 아니다. 더욱이 꽃을 꺾는 일은 신라 향가 '수로부인水路夫人' 조의 「헌화가獻花歌」에서 볼 수 있듯이, 숭고한 사랑을 향한 애절한 마음의 표현이기도 하다. 혹 꽃을 꺾더라도 헌화가의 노인처럼 누군가에게 주기 위한 애절한 마음이 있다면 그렇게까지 안타까워할 일은 아니다. 살면서 꽃 한 송이 꺾지 않고 살아갈 수 있는 사람은 세상 어디에도 없고, 꽃을 꺾지 않는 것만이 능사는 아닐 수도 있다. 다만 꽃을 꺾더라도 꺾을 당시의 마음이 중요하다.

봄날, 가까운 산에 올라 길을 걷다 보면 간혹 땅에 떨어진 꽃을 만난다. 특히 아이를 데리고 온 부모들은 자식에게 꽃을 꺾어준다. 그러나 엄마에게 꽃을 받은 아이들은 조금 뒤에 그 꽃을 길가에 버린다. 꺾인 꽃은 금방 시들어버려 처음 봤던 예쁜 모습이 아니기 때문이기도 하고, 꽃을 손에 들고 산길을 걷는 게 쉽지 않기 때문이기도 하다. 친구들끼리 산에 온 여성들은 꽃을 꺾어 서로 머리에 꽂고 사진을 찍기도 한다. 그러나 그들을 한참 따라가다 보면 길가에 버려진 꽃을 쉽게 발견할 수 있다. 그들이 버린 꽃 중에 가장 많이 발견되는 것은 장미과의 찔레꽃이다.

여성들이 봄철 산에 올라 다른 꽃보다 유독 찔레꽃을 꺾는 이유는 산 길가에 자라면서도 냄새가 아주 진해서 유혹을 뿌리치기 어렵기 때문이다. 아울러 이 나무가 장미의 부모이고, 여성들이 가장 좋아하는 꽃이

찔레꽃.

장미이기 때문에 그들은 찔레꽃을 좋아한다. 어찌 한국의 여성들만 찔레를 좋아하겠는가. 중국 서진西晉의 석숭石崇은 집을 온통 찔레로 치장했고, 당나라의 지식인들은 찔레로 만든 향수를 사용했다. 당나라 현종의 부인이었던 양귀비는 고운 피부를 유지하기 위해 찔레꽃을 욕탕에 넣었다.

갈잎떨기나무 찔레가 진한 향기를 내는 것은 사람을 유혹하기 위해서가 아니라 벌과 나비를 유혹하기 위해서다. 벌과 나비는 자신들이 필요한 것을 얻으면서 찔레가 열매를 맺을 수 있도록 도움을 주지만, 인간은 찔레에게 그 어떤 도움도 주지 않으면서 열매를 맺을 수 없도록 꺾어버린다. 사람들은 찔레를 꺾으면서 손에 상처를 입는 경우가 많다. 찔레처럼 가지와 줄기에 가시를 가진 것이 장미과의 특징이다. 장미과의 나무들이 가시를 만드는 것은 자신을 보호하기 위한 전략이지만, 찔레꽃을 꺾는 사람은 가시에 찔리면서도 찔레의 전략 따위에는 관심조차 없다. 적어도 자신이 꺾은 꽃의 특징이라도 알면 그나마 다행이다. 찔레꽃은 잎이 다섯 장이다. 벚나무, 살구나무, 매화, 산사나무, 모과나무, 앵두나무, 명자나무 등 주위에서 흔히 볼 수 있는 장미과의 나무들은 모두 꽃잎이 다섯 장이다.

찔레꽃을 꺾으면서 꽃잎이라도 세어보면 다시는 꺾지 않을지도 모른다. 또 찔레꽃을 꺾어 친구의 머리에 꽂아주면서 '찔레꽃 붉게 피는 남쪽 나라 내 고향'이라는 찔레꽃 노래를 흥얼거리면서 왜 찔레꽃이 붉다고 하는지 의문을 갖는 사람이라면, 다시는 산길에서 찔레를 꺾지 않을지도 모른다. 찔레꽃은 기본적으로 희지만, 자세히 보면 연한 붉은색도 비친다는 것을 알 수 있다. 산길에서 찔레꽃을 꺾은 사람들이 혹 가을이나 겨울에 자신들이 꺾지 않고 남겨놓은 찔레에 맺힌 붉은 열매를 본다면 잘못을 반

찔레 열매.

성할지도 모른다.

많은 사람이 쉽게 꽃을 꺾지만, 꺾는 사람은 나무가 느낄 고통에 대해서 전혀 생각하지 않는다. 나무의 아픔을 생각하지 않는 것은 나무를 아픔을 느끼지 못하는 존재라 여기기 때문이다. 나무가 꽃을 피우는 것은 열매를 맺기 위함이고, 열매를 맺기도 전에 꽃을 잃었다면 결국 자식을 잃은 것과 같다. 사람으로 생각하면 아기를 유산한 것과 다를 바 없다. 사람들은 사람의 마음을 헤아릴 때는 '역지사지易地思之'를 생각하면서 식물의 꽃을 꺾을 때는 이를 떠올리지 않는다. 입장을 바꿔서 생각한다는 뜻의 역지사지를 식물의 입장에서는 생각하지 않는 것은 인간이 식물을 상대방으로 동등하게 생각하지 않는다는 뜻이다.

역지사지는 상대방의 실체를 자신과 같이 인정할 때 가능하다. 꽃을 꺾으면서 나무가 아파할 것이라고 여기지 않는다면 나무의 실체를 인정하지 않는 것이다. 바로 눈앞에 존재하는 나무의 꽃을 꺾으면서도 실체를 인정하지 않는 것만큼 무지한 일도 없다. 이는 식물이 감정을 갖고 있느냐의 문제가 아니라 식물을 생명체로 인식하느냐의 문제다. 인간이 어떤 사실을 인식한다는 것은 실체를 객관적으로 바라본다는 뜻이다. 엄연히 존재하는데도 그 자체를 인정하지 않는 것만큼 슬픈 일도 없다. 눈앞에 존재하는 것을 무시하는 태도는 중국인들이 한국인을 비롯한 주변 국가의 모든 사람을 오랑캐로 평가한 것과 다를 바 없다.

사람들이 꽃을 꺾을 때 나무가 겪는 아픔은 사람이 자식을 잃는 고통과 같다. 나무가 외부의 공격을 받을 때 어떻게 반응하는지를 아는 방법은 간단하다. 꽃을 꺾은 자리에 피눈물이 고여 있는 것을 볼 수 있기 때문이다. 소나무의 경우 껍질이 공격을 받으면 곧장 송진을 만들어 상처를 치유한다. 모든 생명체는 외부의 공격을 받으면 즉시 자기를 방어한다. 평생 한곳에서 살아가야 하는 식물의 경우 동물보다 자기방어를 위한 장치가 훨씬 많고 동물보다 예민하다. 식물은 동물의 침략을 받을 수밖에 없고, 이를 늘 경계하지 않을 수 없다.

식물도 스트레스를 받는다는 것은 쉽게 알 수 있다. 밤새도록 가로등을 켜놓으면 벼가 잘 익지 않는다는 것은 널리 알려진 사실이다. 식물이든 동물이든 성장을 위해서는 잠을 자야 한다. 그런데 요즘 인근 산에는 식물들의 잠을 방해하는 가로등이 무척 많다. 야간에도 사람들이 산에 오르기 때문에 설치한 것인데, 이는 인간이 얼마나 잔인한지를 극명하게 보여주는 사례다. 나무는 낮에는 햇볕을 통해 광합성 작용을 해야 하고, 햇볕이 없는 밤에는 잠을 자야 한다. 그러나 인간이 만든 가로등 때문에 잠을 설치는 나무들이 적지 않다. 밤에는 산에서 내려와야 한다. 산은 인간만의 공간이 아니라 다른 생명체들이 함께 사는 공동체 모두의 공간이다. 공동체의 공간은 그 누구도 독점할 수 없다. 누구 한 사람이 산을 독점하는 순간 산은 산으로서의 기능을 상실하고, 독점한 자도 끝까지 살아남을 수 없다. 꽃을 꺾는 것도 일종의 생명 독점이다. 생명을 독점하는 것만큼 위험한 짓은 없다.

사람들이 꽃을 꺾지 않고 사랑하는 마음을 나눈다면 나무가 얼마나 좋아할까. 식물에게 따뜻한 손길을 내미는 사람은 훨씬 행복하게 살아갈 수 있다. 누군가에게 위로받기보다 위로하는 것이 진정 자신을 위로하는 지름길이다. 남을 함부로 대하는 사람은 자신도 모르게 스스로를 학대하는 자다. 자신을 진정 사랑하는 사람은 절대 꽃을 함부로 꺾지 않는다. 식물학자들이 찔레의 이름을 찔린다는 뜻의 찔레라고 붙인 것도 이 나무의 꽃을 꺾지 말고 사랑하라는 의미다. 찔레는 사람들이 가장 좋아하는 장미의 부모인데 어떻게 좋아하는 것을 쉽게 꺾을 수 있을까. 꽃을 꺾지 않고 만지기만 하는 사람이 많을 때, 꽃을 만지지도 않고 눈으로만 보는 사람이 많을 때, 꽃을 보지도 않고 상상만으로 좋아하는 사람이 많을 때, 세상 사람들은 꽃 대궐에서 살아갈 수 있을 것이다.

나무
철학

제2부

단순하고 절박한

제11장

사소한 것에
감동하기

—
행복의 철학

사람의 나이는 많은 것을 변화시킨
다. 나이 먹음에 따른 가장 큰 변화 중 하나가 감정이다. 감정은 사물을
보고 느끼면서 생기는 마음이다. 그런데 사람은 나이를 먹으면 감정 변화
가 점차 줄어든다. 특히 남자일수록 그렇다. 보는 것이 크게 줄어드는 것
도 아닌데, 나이 먹음에 따라 감정 변화가 현격히 줄어드는 이유는 무엇
일까. 이는 한국의 문화적 특성과 밀접한 관계가 있다. 한국 남자들은 감
정을 적극적으로 드러내는 데 익숙하지 않다. 그 이유는 유교, 특히 성리
학의 영향 때문이다. 성리학은 인간의 감정이 깨달음에 도움이 되지 않는
다고 생각했다. 그래서 가능하면 감정을 감추려고 노력했다. 이 같은 문화
에서 자신의 감정을 솔직하게 드러내는 어른은 어른스럽지 못하다는 평
가를 받았다.

생각에도 습관이 있다. 자신의 감정을 드러내지 않는 것이 수준 높은 인간상이라는 생각에 젖어 있는 사람은 희로애락을 잘 표현하지 않는다. 이러한 습관은 나이가 들수록 단단해져 어지간해서는 바꾸기 어렵다. 표현하지 않는 사람은 쉽사리 감동하지도 않는다. 일반적으로 나이가 들수록 감동하는 일이 줄어드는 것은 감동할 대상이 없어서가 아니라 어디에 감동해야 할지 무지하기 때문이다.

감동은 주어지는 것이 아니라 스스로 만드는 것이다. 습관만 들인다면 감동은 얼마든지 늘어날 수 있다. 감동의 횟수를 늘려야 하는 이유는 감동지수와 행복지수HPI가 비례하기 때문이다. 전 세계적으로 삶의 질에 대한 관심이 높아지면서 2006년부터 각국의 행복지수 순위가 발표되고 있다. 2012년 영국의 신新경제재단NEF에서 발표한 자료에 따르면 인구 500만 명, 1인당 국민소득 6580달러에 불과한 중남미의 작은 나라 코스타리카가 행복지수 1위를 차지했다. 재단에서 발표한 행복지수의 기준은 기대수명, 행복감, 생태적 척도다. 이 평가에서 세계 10위의 경제 강국인 한국은 68위이고 세계 1위 경제 강국인 미국은 114위다. 2012년 연세대 사회발전연구소에서 전국의 초등학교 4학년부터 고등학교 2학년 학생 5000명을 대상으로 행복에 대한 설문조사를 실시한 결과는 한층 더 참담하다. 이 조사에서 나타난 한국 학생들의 주관적 행복감은 유니세프가 실시한 2006년 OECD 국가 청소년 대상 조사 결과와 비교했을 때 20개국 중 꼴찌였다.

인간은 매 순간 행복을 추구한다. 세상에 행복을 추구하지 않는 사람이란 없다. 학생들이 아침 일찍부터 밤늦게까지 학교에서 배우고, 어른

나무
철학

들이 아침 일찍부터 출근해 열심히 돈을 버는 것도 모두 행복하기 위해서다. 한국의 직장인들이 세계에서 가장 일을 많이 하는 것도 모두 행복하기 위해서다. 하지만 그런 한국인들의 행복지수는 왜 이토록 낮을까? 그 이유는 아주 간단하다. 감동지수가 낮기 때문이다.

행복한 사람은 감동에 익숙하다. 감동이란 느낀 것을 과감하게 밖으로 표출하는 데서 시작한다. 나이를 먹을수록 사람들은 느끼는 것을 즐기지 않고, 이성적으로 생각하려고 한다. 흥이 많고 노래를 좋아하는 민족이라고 알려진 한국인은 어느새 흥을 잃어버린 듯하다. 많은 한국인이 거의 매일을 아무것도 느끼지 못하고 기계적으로 살아간다. 어른들은 매일 직장에 나가 돈을 쫓고, 학생들은 학교에 가 성적을 쫓는다. 한국의 학생과 직장인들이 생활하는 공간에서 행복하지 못한 것은 아주 당연하다. 그들의 일상이 스스로 원한 삶이 아니기 때문이다. 많은 사람이 스스로가 원하는 것이 무엇인지조차 잘 모른다. 이들이 행복하지 않은 가장 큰 이유는 삶의 목적은 없고 삶의 목표만 있기 때문이다.

행복을 위해서는 목표지향의 삶이 아닌 목적지향의 삶을 추구해야 한다. 스스로 왜 사는지를 매일매일 고민하는 사람은 결코 불행하지 않다. 누구나 똑같이 행복하기를 바라며 살아가지만, 행복을 찾는 방법은 사람의 수만큼 다양하다. 그러므로 행복하기 위해서는 각자 어떻게 하면 행복할까를 고민해야 한다. 이를 위해 가장 필요한 것은 가치의 전환이 아닐까. 어디에 가치를 두느냐에 따라 행복지수는 엄청나게 달라진다. 일류 대학이나 부동산 투자에 가장 큰 가치를 두고 있는 한 행복지수는 높아질 수 없다. 왜냐하면 이는 모두가 가질 수는 없는, 아주 극소수의 사람만이 실현할 수 있는 가치이기 때문이다. 살아가면서 할 수 없는 일과 하지 않은 일을 구분하는 판단력은 반드시 필요하다. 사람이 걸어서 바다를 건너는 것은 할 수 없는 일이고, 부부가 한 달에 한 번도 함께 외출하지 않았다면 이는 하지 않은 일에 해당한다. 대다수의 한국인은 주로 할 수 없는 일을 목표에 두고 여기에 매달려 살아간다. 하지만 목적지향적인 삶을 택한 사람은 할 수 없는 일에 매달리지 않는다.

목적지향적인 사람은 다양한 것에 가치를 두고, 하지 않은 일들을 시도한다. 세상에 존재하는 모든 것은 가치를 지니고 있고, 행복은 그 가치를 인정하는 자의 몫이다. 사람들이 무척 부지런히 살면서 행복을 느끼지 못한다면 이는 자신이 하는 일에 큰 가치를 두지 않기 때문이다. 만약 학생들이 학습에 가치를 두고, 어른들이 일에 가치를 둔다면 왜 행복하지 않을까. 어린 시절을 한번 떠올려보자. 친구들과 놀이터에서 모래 장난하면서 즐거워했던 기억, 돌과 병마개 등으로 소꿉놀이하면서 엄마가 찾을 때까지 시간 가는 줄 몰랐던 기억을 떠올릴 수 있을 것이다. 농촌에서 자란 사람들은 나뭇가지로 칼을 만들어 여름 보리밭에서 싸움하면서 보낸 시절을 기억할 것이다. 사람들이 그 시절을 행복했다고 회상하는 이유는 단순히 어렸기 때문만이 아니라, 그러한 놀이에 가치를 두었기 때문이다.

어른으로 성장한 후에는 왜 어린 시절처럼 아주 사소한 것에 가치를 두지 않을까. 어린 시절에는 조그마한 일에도 감동했으면서 왜 어른이 된 후에는 그러지 못할까. 성장한 후에는 왜 눈물을 흘리지 않을까. 희망이 없기 때문이다. 사람은 살아 있는 자체가 희망인데도 매일매일 아주 먼 곳에서 희망을 찾는다. 내가 살아가는 공간 자체가 희망인데도 늘 갈 수 없는 공간에 희망을 건다. 마음을 한번 바꾸면 베란다 화분에 자라는 나무 한 그루와 풀 한 포기에서 감동할 수 있는데, 언제쯤 저 먼 해외의 관광명소에 가서 감동할 날이 올까를 생각한다.

나는 행복한 삶을 살기 위해 나무 이름을 만들었다. 나무 이름을 갖는 순간, 나무가 눈에 보인다. 좋아하는 나무 한 그루를 가진 사람은 바깥에 나오면 주변에 살고 있는 나무가 눈에 들어올 것이다. 그렇지 않은 사람은 수십 년을 같은 곳에서 살아도 근처에 어떤 나무가 살고 있는지는커녕 나무가 있는지조차 모른다. 현관을 나서자마자 쏜살같이 총총걸음으로 목적지로 향한다. 돌아올 때도 갈 때와 마찬가지다. 하이에나처럼 매일 무언가를 찾아 길을 나서지만, 자신이 살고 있는 곳의 한 그루 나무와 한 포기 풀이 세상에서 가장 가치 있는 존재라는 것은 모르고 살아간다.

공자는 자식과 제자를 가르칠 때 『시경』을 가장 강조했다. 『시경』을 읽지 않고서는 말을 할 수 없다고 생각했기 때문이다. 사람이 태어나 말을 배우고도 제대로 된 말을 할 수 없다면 사람이라 할 수 없을 것이다. 공자는 『시경』을 읽은 뒤에야 사람 구실을 할 수 있다고 생각했다. 『시경』은 한마디로 중국 최초의 식물백과사전이다. 『시경』을 읽으려면 식물에 대한 이해가 필수다. 그러니까 공자는 식물에 대한 이해 없이는 말도 제대로 할 수 없다고 봤던 셈이다. 이를 적용해보면 현대인은 대부분 말을 제대로 못하는 채로 살아간다. 공자가 강조한 『시경』의 가치는 단순히 식물에 대한 정보를 얻는 데 있지 않았다. 그가 『시경』을 한마디로 '사무사思無邪', 즉 '생각에 사악함이 없다'고 평가한 것처럼, 식물을 이해한다는 것은 어떻게 살아갈 것인가라는 근원적 물음에 대한 답 찾기와 같다. 길을 가면서 시멘트 바닥 틈새에서 꽃을 피운 민들레를 보고 발걸음을 멈출 수 있는 사람, 주차장으로 가는 길에 담벼락의 담쟁이덩굴의 꽃을 보고 감동의 눈물을 흘리다가 약속 시간에 늦는 사람은 이 세상에서 가장 행복한 사람들이다.

한국의 청소년 4명 중 한 명이 자살을 생각한다는 통계가 나왔다. 이 같은 통계는 한국이 세계에서 자살률이 가장 높다는 사실을 상기하면 놀랍지 않을지도 모르지만, 이토록 많은 청소년이 삶에 희망을 갖지 못한다는 것은 그 자체로 비극이다. 성인 자살률도 해마다 느는 추세다. 왜 한국은 사람들이 살고 싶다는 마음을 잃을 만큼 척박한 곳으로 바뀌었을까. 게다가 매년 이러한 통계를 접하면서도 해결 방법을 찾는 노력은 거의 보이지 않고, 잠깐 화제가 되었다가 곧 관심 밖으로 밀려나버린다.

자살이라는 사회문제를 해결코자 한다면 근본적으로 사회 시스템을 개혁하는 일이 필요하겠지만, 동시에 개인 스스로의 노력도 필요하다. 행복을 위한 한 가지 노력으로서, 나는 집 근처에서 좋아하는 나무 한 그루를 찾도록 권하고 싶다. 만약 벚나무를 가장 좋아한다면 근처 초등학교에 가서 벚나무를 한번 찾아보자. 굳이 초등학교라고 한 것은 많은 사람이 초등학교 시절을 가장 행복하다고 회상하기 때문이다. 초등학교 운동장에 발을 딛는 순간, 자신의 어린 시절을 떠올릴 수 있을 것이다. 그리고 초등학교 시절에 만났던 나무를 떠올려보자. 대부분의 사람은 어린 시절 나무와 함께 적지 않은 시간을 보냈다. 초등학교 운동장에 도착하는 순간, 어렸을 때 관계를 맺었던 나무를 찾는 일은 결코 어렵지 않을 것이다. 특히 현재 한국의 초등학교에는 거의 예외 없이 지금의 어른들이 어린 시

나무
철학

벚나무 꽃봉오리.

절 함께했던 나무들이 여전히 살고 있다.

　초등학교 운동장에서 자신이 가장 좋아하는 나무를 만나면 나무 아래서 함께 놀았던 친구들이 생각날 것이다. 또 친구들과 나뭇가지를 주워서 운동장에 각자의 얼굴을 그린 후 서로 깔깔 웃던 추억도 금방 떠오를 것이다. 혹 플라타너스를 만난다면 열매로 친구의 머리를 묶어주고, 친구는 손을 잡고 고마워하며 눈물을 글썽이던 장면도 떠오를 것이다. 한 그루 나무 아래서 한참 동안 어린 시절의 추억에 젖어 시간 가는 줄 모르다가, 옛날 단짝이던 친구가 어디서 무엇 하면서 살고 있을까 궁금해 연락처를 수소문할 것이다. 이처럼 초등학교 운동장에서 한 그루의 나무를 만나는 것만으로도 어떤 행복감을 만끽할 수 있다. 한 그루의 나무를 만나 지난날의 추억을 떠올렸을 뿐인데, 수년간 잊고 지냈던 감동의 순간을 맞이하게 된다.

제12장

자세히 보아야
사랑스럽다

존재의 철학

세상에 존재하는 모든 나무는 사랑스럽다. 그런데 많은 사람이 이렇게 묻는다. "어떤 나무를 가장 좋아하십니까?" 더욱 황당한 질문은 어떤 꽃을 가장 좋아하냐는 것이다. 이 같은 질문은 자식 중 누가 가장 사랑스럽습니까, 부모 중 어느 분을 더 좋아합니까를 묻는 것과 같다. 부모에게는 어떤 자식이든 똑같이 사랑스럽듯이, 나무를 사랑하면 어떤 나무든 사랑스럽다. 그런데 사랑이 그냥 안다고 해서 이루어지는 것은 아니다. 부모가 자식을 누구보다 사랑하는 것은 낳고 기르는 과정에서 한 존재를 아주 잘 알게 되기 때문이다. 그런데 사람들은 하루에 한 번 이상 매일 나무를 마주치면서도 다 나무를 사랑하지는 않는다. 매일 나무를 보면서도 사랑하지 않는 이유는 무엇일까. 매일 출근해 만나는 사람들을 사랑하지 않는 이유는 무엇일까.

인간이든 다른 동물이든 만남 그 자체가 곧 사랑으로 이어지는 것은 아니다. 만남이 잦다고 해서 반드시 사랑하는 것도 아니다. 직장인들이 거의 매일 만나는 회사 동료를 반드시 사랑하지는 않는 것처럼 자신도 모르게 매일 만나는 나무를 반드시 사랑하지는 않는다. 나무를 비롯해 어떤 생명체를 사랑하기 위해서는 큰 관심이 필요하다. 큰 관심은 자세히 보는 데서 출발한다.

나는 매일 나무를 보지만 볼 때마다 다른 모습을 본다. 그만큼 나무는 다양한 모습을 가지고 있다. 그러나 대부분의 사람은 나무의 다양한 모습을 보지 않고 아주 단편적인 면만 보는 데 익숙하다. 나무의 일면만 보고 나무의 전체를 본 것처럼 생각하는 것만큼 위험한 일도 드물다. 나무를 대충 보고 하는 이야기 중에 대표적인 말이 '나무와 꽃'이다. 아직도 우리는 나무를 꽃의 상대말로 파악하고 있다. 나무를 한 번이라도 자세하게 본 사람은 이런 표현을 사용하지 않는다. 그러나 신문과 방송, 대한민국 지방자치단체의 홈페이지는 아직도 나무와 꽃을 별도의 것으로 대하고 있다. 내 주장의 사실 여부를 확인하는 방법은 아주 간단하다. 서울특별시 홈페이지에는 서울의 상징 나무는 은행나무, 상징 꽃은 개나리라고 적혀 있다. 참고로 부산광역시의 상징 나무는 동백, 상징 꽃은 동백꽃, 인천광역시의 상징 나무는 목백합, 상징 꽃은 장미, 대구광역시의 상징 나무는 젓나무(전나무), 상징 꽃은 목련, 광주광역시의 상징 나무는 은행나무, 상징 꽃은 철쭉, 대전광역시의 상징 나무는 소나무, 상징 꽃은 백목련, 울산광역시의 상징 나무는 은행나무, 상징 꽃은 배꽃이다. 대한민국 지자체만이 아니라 학교도 마찬가지로 교목과 교화를 따로 지정하고 있다. 하지만 실제 나무를 보면, 대한민국 지자체와 학교에서 설정한 시목과 시화, 교목과 교화가 얼마나 큰 모순을 안고 있는지를 알 수 있다. 서울특별시의 시목인 은행나무와 시화인 개나리는 모두 나무다. 그런데도 은행나무는 나무로 개나리는 꽃으로 쓰고 있으니, 이 얼마나 한심한 일인가. 서울시의 시목과 시화의 선정 이유를 보면 다시 한번 놀란다.

서울특별시는 1971년 4월 3일 서울을 상징하는 꽃으로 개나리를 선정하였다. 개나리는 서울의 기후와 풍토에 가장 적합한 꽃으로, 이른 봄 일제히 꽃이 피며 서울시민의 협동정신을 표현한다.

은행나무는 아름다울 뿐만 아니라 도시 공해와 병충해에 강해 수명이 긴 나무로 꼽힌다. 서울특별시는 1971년 4월 3일 서울을 상징하는 나무로 은행나무를 지정하였다. 거목으로 성장하는 은행나무의 특성은 수도 서울의 무한한 발전을 보여준다.

나무가 이 사실을 알면 인간의 무지에 놀라 자빠지고도 남을 것이다. 나무에 대한 이러한 오해를 풀 수 있는 방법으로는 나무를 직접 보는 것 이상으로 좋은 것이 없다. 각 지자체와 학교에서 시목과 시화를 나눈 기준은 다분히 꽃의 화려함이다. 예컨대 각 지자체의 시목으로 설정한 은행나무, 목백합, 소나무, 젓나무 등은 꽃이 화려하지 않다. 그래서 사람들은 이 나무들의 꽃을 보지 않은 것이다. 꽃이 핀다는 사실조차 상상해보지 않았을지도 모른다.

어떤 나무든 꽃을 피워야 열매를 맺는다. 서울시의 시화인 개나리는 갈잎떨기나무인데, 사람들은 개나리를 그저 꽃이라 생각한다. 꽃은 나무와 독립해서 존재할 수 없건만, 서울시는 개나리가 서울의 기후와 풍토에 가장 적합한 꽃이라 보았다. 꽃은 나무의 일부다. 하지만 사람들은 꽃이 나무의 전체라고 생각한다. 모든 생명체는 우주다. 생명체는 모두 유기체이기 때문이다. 눈앞의 이익만 생각하지 말고 멀리 보라는 의미로 "나무를 보지 말고 숲을 보라"고 말한다. 분명 한 그루의 나무가 모여 숲을 이루지만, 나무 하나하나에 대한 정확한 이해는 매우 중요하다. 나무를 모르면서 숲을 안다는 것은 불가능하다. 그런 의미에서 "나무를 보지 말고 숲을 보라"는 말은 성립할 수 없다.

서울시는 개나리의 꽃이 이른 봄에 한꺼번에 핀다고 적고 있지만, 나는 아직 개나리꽃이 한꺼번에 피는 모습을 보지 못했다. 어떤 꽃이든 한꺼번에 필 수는 없다. 서울의 개나리도 마찬가지다. 어느 정도 시간 차를 두고 피는 게 꽃이다. 꽃은 기후와 토양 조건에 따라 피는 시기가 다르다. 같은 나무일지라도 꽃이 피는 속도는 다르다. 물푸레나뭇과의 개나리는 한국이 원산지다. 서울시가 한국 원산지의 개나리를 서울시의 상징으로 삼은 것은 좋지만, 개나리꽃을 상징으로 삼은 것에는 문제가 있다. 개나리꽃은 황금색 종처럼 생겼다. 봄에 개나리꽃이 피어 바람에 흔들리면 황금 종소리가 서울 전역에 울려 퍼진다. 그러나 꽃이 지고 나면 종소리도 사라지고, 잎이 돋으면 사람들의 발길도 끊어진다. 더욱이 꽃이 지고 난 뒤에 사람들에게 나무 이름을 물으면 대부분 그 나무가 개나리인지조차 모른다.

나무
철학

개나리는 꽃이 진 가지에 아주 작은 꽈리고추 같은 열매를 맺는다. 그 열매가 익으면 끝부분이 벌어져 씨앗을 세상 밖으로 내보낸다. 그러나 개나리 열매를 본 사람이 몇이나 될까. 나는 초여름과 가을에 야외수업을 할 때 학생들에게 반드시 개나리의 잎과 열매를 보여주면서 나무 이름을 묻지만, 맞추는 학생은 한 명도 없다. 이처럼 사람들은 한 존재를 단면만으로 이해하면서 전체를 안다고 생각한다. 개나리의 원산지가 한국이라는 사실을 이야기하면 많은 사람이 놀란다. 늘 만나는 개나리가 한국 특산이라는 사실을 아는 사람도 드물지만, 이 나무의 학명을 일본의 식물학자인 나카이가 붙였다는 사실을 이야기하면 더욱 놀란다. 일상에서 늘 만나는 개나리 잎이 물든 모습은 어떨까. 보라색으로 물드는 개나리 잎은 노란 꽃만큼이나 아름답다.

간혹 가을이나 겨울에 개나리가 꽃을 피웠다는 소식을 접한다. 이럴 때 사람들은 간혹 개나리가 계절을 잊었다며 미쳤다는 등의 얘길 쉽게 던진다. 과연 개나리가 미쳤을까. 만약 식물이 미쳤다면 기후 변화 때문일 것이다. 그러나 식물은 미치지 않았다. 개나리는 기후 조건만 갖춰지면 1년에 몇 번이라도 꽃을 피우고자 시도할 것이다. 겨울에 꽃을 피우는 개나리를 보면서 미쳤다고 생각하지 않고, 1년에 두 번 씩이나 꽃을 피우느라 얼마나 힘이 들지를 생각한다면 개나리에 대한 이해는 훨씬 깊어질 것이다. 이처럼 한 그루의 개나리를 이해하는 일은 1년 동안 개나리가 어떻게 사는지를 본 뒤에야 가능하다. 이러한 방법은 나무를 공부하는 데도 큰 도움을 준다. 한 그루의 나무를 정확하게 알고 나면 다른 나무를 이해하는 속도도 빨라진다.

만약 나무를 구체적으로 알고 싶다면 주변에 살고 있는 나무 한 그루를 정해서 1년 동안 관찰해보자. 눈으로만 관찰하지 않고 사진을 찍으면서 관찰하면 훨씬 재미있다. 한 그루의 나무를 1년 동안 관찰하면 많은 것을 깨달을 수 있다. 우선 계절의 변화를 읽을 수 있고, 무엇보다도 한 그루의 나무가 성장하는 과정을 살필 수 있다. 이 관찰을 통해 얻는 깨달음은 자신에 대한 깨달음으로도 이어질 것이다.

나무의 꽃과 열매는 후손을 남기기 위한 과정이다. 매우 중요한 과정이지만, 나무의 일부에 지나지 않는다. 대부분의 나무가 1년 중 꽃이 피는 시기는 길어야 10일을 넘지 않고, 꽃이 핀 뒤 열매가 열리는 시기는 길어야 4개월을 넘지 않는다. 사람들이 이 짧은 기간의 꽃과 열매에 강한 인상을 갖고 있는 것은 부분만 보고 전체를 보지 못한 결과다. 나는 사람들에게 자주 느티나무의 꽃을 봤느냐고 묻는다. 십중팔구는 본 적이 없다고 대답한다. 그러나 봄철이 되면 느티나무에는 꽃이 만발하고, 시간이 지나면 나무 밑에 떨어진 무수히 많은 꽃을 볼 수 있다. 느티나무는 그 어떤 나무보다 많은 꽃을 피우는데도 대부분의 사람은 무성한 잎만을 기억한다.

나무 관련 해설을 하다 보면 어김없이 듣는 질문이 있다. "선생님, 열매는 먹을 수 있나요?" 왜 사람들은 나무의 열매를 보면 먹을 수 있는지를 먼저 생각할까. 이는 한 그루의 나무를 생명체가 아닌 식용으로 생각하는 본초학적인 발상 때문이다. 중국의『본초강목』, 한국의『동의보감』등 본초학에서는 식물을 식용 혹은 약용으로 인식한다. 그래서 지금도 식물원이나 수목원 등지에서 나무의 이름표에 용도를 표시하고, 심한 경우에는 약효까지 적고 있다. 식물을 약효로 판단하는 것은 사람을 섹스의 대상으로만 여기는 것과 마찬가지다. 나무의 이름에는 매화나무처럼 꽃을 강조한 경우도 있고, 매실나무처럼 열매를 강조한 경우도 있지만, 나무는 생명체이기 때문에 결코 부분을 전체로 인식해서는 안 된다.

인간이 나무를 한 부분만 가지고 평가하는 가장 악랄한 장면은 고로쇠 수액을 채취하는 경우다. 사람들은 단풍나뭇과의 고로쇠나무를 인간에게 유익한 물을 제공하는 나무쯤으로 생각한다. 그래서 나무의 이름도 인간의 뼈를 이롭게 하는 나무, 즉 '골리수骨利樹'라 붙였다. 봄철이면 산길 곳곳에서 고로쇠를 판매하는 장면을 자주 목격한다. 나무에 구멍을 뚫고 물관세포에서 나무의 수액을 뽑아내는 것은 참 부끄러운 행위다. 살아 있는 나무에 구멍을 내어 피 뽑듯 수액을 뽑아내는 것이 과연 인간으로서 할 일일까. 수액을 빼앗긴 고로쇠나무가 인간에게 헌혈을 했다고 생각할까? 고로쇠 수액을 채취하는 사람들은 노랗게 피는 이 나무의 꽃을 기억할까? 텔레비전에서도 봄철 전남 구례 등지에서 고로쇠를 채취하는 장면을 '자랑스럽게' 방송한다. 시청자들은 그 장면을 보며 별 의식 없이 그저 고로쇠가 몸에 좋겠거니 생각할 것이다.

고로쇠 수액보다 몸에 좋은 것은 붉게 물드는 단풍을 보고 프로펠러처럼 생긴 열매를 관찰하는 재미다. 이렇게 한 존재를 전체로서 보는 일은 사람의 마음을 한층 풍성하고 행복하게 만든다. 누군가에 대한 사랑은 상대방의 장점을 알아차리는 과정이다. 누군가를 사랑하면 그의 전부가 좋아 보인다. 마찬가지로 나무를 사랑하는 사람은 나무의 전체를 사랑하지 꽃이나 열매만을 사랑하지 않는다. 꽃이나 열매만을 사랑하는 사람

고로쇠나무 단풍.

은 아직 미성숙 단계에 있다. 사람들은 비교하는 데 익숙하지만, 사랑은 결코 비교하지 않는다. 어떤 여자와 남자가 서로 사랑할 때, 상대방을 주변에 있는 여자와 남자, 부인과 남편에 비교한다면 그것은 사랑이 아니다. 사랑은 상대방의 존재 자체가 갖는 절대적 가치를 인정하는 것이다.

한 그루의 나무를 진정 사랑하는 사람은 나무의 일부만을 사랑하지 않을 뿐 아니라, 다른 나무와도 비교하지 않는다. 그래서 나무를 사랑하는 사람은 꽃이나 열매가 잘생겼느니, 못생겼느니 하는 생각을 하지 않는다. 꽃과 열매는 그 자체로 성스럽고 예쁘다. 못생긴 사람을 호박꽃에 비유하는 사람은 언젠가 저주를 받을지도 모를 일이다.

제13장

나무는
모든 것을
꿰뚫을 수 있다

일이관지一以貫之의 철학

　　　　　　　　　　　　　　사람은 각자 타고난 능력이 다르다.
어떤 사람은 기억력이 좋고, 어떤 사람은 이해력이 뛰어나다. 어떤 사람은
책을 많이 읽고 그 내용을 시간이 오래 지난 뒤에도 아주 자세하게 기억
하지만, 어떤 사람은 책을 많이 읽으면서도 어느 정도 시간이 지나면 내
용을 거의 기억하지 못한다. 그런데 어느 경지에 오른 사람들은 어떤 사실
을 많이 아는 사람이 아니라 깨달은 사람이다. 과연 축의 시대에 살았던
석가, 예수, 공자 등은 많이 알았던 사람일까. 분명 성인은 많이 아는 사
람이 아니라 깨달음을 얻은 자다.

　　중국 춘추시대 공자의 제자들은 대부분 스승이 자신들보다 많이 안
다고 생각했다. 어느 날 공자가 "자공아, 너는 내가 많이 배우고 그것을
기억하는 자라고 여기느냐?"라고 물었다. 자공은 스승의 물음에 한 치의

망설임도 없이 "그렇습니다"라고 대답한 다음, "아닙니까?"라고 되물었다. 자공의 되물음에는 자신의 대답이 잘못되었다는 생각이 아니라 스승이 당연한 것을 물어 의아하다는 뉘앙스가 담겨 있었다. 자공의 대답에 공자는 "아니다. 하나의 이치가 모든 사물을 꿰뚫는 것이다"라고 일러주었다. 공자는 자신의 공부 태도에 대해 자공이 묻지 않았는데도 의도적으로 물음을 던진 다음, 공부의 목적을 일러줬다. 그러나 같은 제자인데도 증자에게는 곧장 "증자야, 우리의 도는 한 가지 이치가 만 가지 일을 꿰뚫고 있다"고 말했다. 증자는 공자의 말씀에 대해 "예"라고만 대답했다.

공자는 자신의 공부 태도를 두 제자에게 다른 방식으로 일깨워줬다. 제자의 능력이 서로 달랐기 때문이다. 공자의 이러한 교수법은 일종의 '눈높이' 혹은 '맞춤형'으로 볼 수 있다. 이처럼 맞춤형 교육은 옛 성현들의 공통점이지만, 공자의 교육철학에서 더욱 중요한 것은 설령 사람마다 능력이 다르더라도 누구나 배움을 통해 스승처럼 최고의 경지에 이를 수 있다는 점이다. 공자는 태어나면서 아는 자를 가장 높은 경지의 사람으로 평가했지만, 배워서 아는 사람과 아주 힘들게 공부하는 사람도 결과적으로 최고의 단계에 도달할 수 있다는 점을 잊지 않았다. 만약 태어나면서 아는 자만이 최고의 경지에 오를 수 있다면, 그만큼 불행한 일도 없다. 인간은 누구나 배워서 성인의 경지에 오를 수 있다. 누구나 성인의 경지에 오를 수 있는 기회의 균등이야말로 평등을 실현하는 원칙이라고 할 수 있다.

무조건 많이 배우는 것만이 능사는 아니다. 많이 배워 많이 안다고 해서 지혜로운 것은 아니다. 그래서 공자는 자신이 많이 배우는 자로 평

나무
철학

가받는 것을 꺼렸다. 공자가 추구한 배움은 한마디로 '일이관지—以貫之', 즉 하나로 모든 것을 꿰는 방식이다. 공자가 많이 배우는 것 대신 일이관지를 강조한 이유는 무엇일까. 배움에서 가장 중요한 것은 원리고, 공자의 일이관지는 이를 강조한 것이다. 물론 배움에는 연령별로 단계가 있다. 낮은 연령에서는 원리보다는 생활 태도 등 기본적인 소양을 배워야 한다. 이 단계는 한국과 중국의 '소학小學'에 해당된다. 소학 단계를 지나 대학 단계에서는 공부의 원리를 가르쳐야 한다. 그러나 한국의 대학 교육은 원리를 가르치는 수준에 오르지 못하고 소학 단계에 머물고 있다. 이것이 한국교육의 비극이자 한국의 미래가 어두운 까닭이다. 한국의 대학은 이미 '직업양성소'로 전락한 지 오래다. 그래서 대한민국에서 가장 좋은 대학은 취업률이 가장 높은 곳이다.

매년 각 대학은 취업률을 공시하고, 대한민국 교육부는 취업률로 대학을 평가해 지원금을 배정한다. 교육부에서 대학의 취업률을 최우선으로 삼아 공개하는 것은 입시생들에게 대학 선택의 기준을 제공하기 위함이다. 졸업 후 취업을 걱정하는 학생과 학부모들도 대학의 취업률을 따져서 학교를 선택한다. 이런 상황에서 공부의 원리를 체계적으로 가르친다는 것은 거의 불가능하다. 그런데 공부의 원리는 단순히 학문 차원만이 아니라 삶의 문제와 밀접하게 관련되어 있다는 점을 잊어서는 안 된다. 중국고전 중 하나인 『대학』은 공부의 원리가 어떤 대상인지를 잘 보여준다. 『대학』은 배우는 자가 처음 덕德에 들어가는 문으로 생각할 만큼 중요한 고전이다. 『대학』의 목표는 "밝은 덕을 밝히는 데 있고, 백성과 친하는 데 있고, 지극한 선에 이르는 데 있다." 『대학』은 공자가 살았던 시대의 작품이라 그 내용을 오늘날에 그대로 적용하기에는 무리가 있을지도 모르지만, 예나 지금이나 배움의 목표가 크게 다르지 않다는 점을 감안하면 『대학』의 목표는 이 시대에 적용해도 무방하다. 한국의 교육은 밝은 덕을 밝혀 궁극적으로 지극한 선에 이르게 하는 교육의 목표와 매우 거리가 있다.

그렇다면 과연 일이관지를 무엇으로 할 것인가. 무엇으로 이 세상의 이치를 꿰뚫을 것인가. 공자가 강조한 것은 인간 본성의 회복이고, 인간 본성의 회복은 모든 성리학자가 추구한 공부의 핵심이었다. 증자는 스승인 공자가 실천한 일이관지를 '충忠'과 '서恕'로 파악했고, 나는 나무로 일이관지를 실천하고 있다. 내가 나무를 일이관지의 대상으로 삼은 이유는 삶과 역사의 원리가 나무에 있다고 믿고 있기 때문이다. 내가 나무를 일이관지의 대상으로 삼기 이전에는 나 역시 일이관지에 대해 크게 고민하지 않고 그저 사는 데 급급했다.

'급급汲汲'은 분주한 모습이다. 대부분의 삶은 급급하다. 주변을 돌아볼 틈도 없이 다람쥐 쳇바퀴 돌 듯 살다 보면 삶을 통찰通察할 여력이 없다. 그런데 통찰 없이 살아가는 것이 문제가 아니라 통찰 없이 살아가다가 어느 날 불현듯 삶에 회의를 느끼는 것이 문제다. 삶의 방식에 구애받지 않은 채 자신의 삶을 회의하지 않고 즐겁게 살아가면 그만이지만, 그렇지 않다는 게 문제인 것이다. 그래서 급급해하지 말고 통찰력을 발휘해 자기만의 철학을 갖추자는 것, 곧 스스로 길잡이를 만들자는 것이다.

내가 40년의 세월이 지난 뒤에 나무를 일이관지의 대상으로 삼은 것은 일종의 '자기혁명'이었다. 나무를 선택한 뒤에야 나는 대학 시절 읽었던 크리슈나무르티의 『자기로부터의 혁명』이 무엇을 의미하는지 알 수 있

나무
철학

었다. 나는 10년 전까지 나무가 역사와 문화와 어떤 관계를 맺고 있는지에 대해 한 번도 생각해보지 않았고, 학창 시절 그 누구도 그에 관해 나에게 이야기해주지 않았다. 그런데 한번 나무가 눈에 들어온 다음부터는 나무와 역사의 관계, 나무와 문화의 관계를 파악하는 데 그리 오랜 시간이 걸리지 않았다. 왜냐하면 나무가 인류 역사의 시작이자 끝이라는 사실을 파악하는 일은 결코 새로운 사실을 연구하는 것이 아니며, 다만 관심을 나무로 가져가는 순간 금세 알 수 있을 만큼 예전부터 많은 이가 그와 같은 사실을 언급했기 때문이다. 그동안 내가 무지해서 나무와 역사의 관계에 관심을 가지지 않아 몰랐을 뿐이었다.

나무로 일이관지하려는 계획은 나를 무척 흥분시켰지만, 주위 사람들은 결코 나의 흥분을 흔쾌히 보지 않았다. 나는 철저한 계획을 가지고 일이관지를 꿈꿨지만 주변에서는 나의 꿈이 그저 무모無謀한 도전이라 생각했다. 주위 사람들이 나의 꿈을 인정하지 않은 것은 한 번도 그런 사례를 직접 보지 못했기 때문이다. 그러나 일이관지에 대한 나의 열정은 주변의 차가운 시선에 결코 식지 않았다. 스스로 만들어내 안에서 끓어오르는 열정은 마치 용암처럼 밖에서 아무리 찬물을 끼얹어도 막을 수 없다. 시간이 지나면 언젠가 그 열정이 결실을 맺는 법이다. 나무로 일이관지하려는 나의 열정이 결코 무모하지 않다는 것을 증명하는 '사건'이 2002년 나무 관련 책을 처음 낸 지 3년 만에 터졌다. 2005년 출간된 윌슨의 『통섭』이 바로 그 '사건'의 주역이다. 『통섭』은 나오자마자 한국 사회에 일이관지의 열풍을 만들었고, 저자는 물론 번역자인 최재천 교수도 일약 스타로 부상했다. 현재 학문의 통섭, 학문의 일이관지에 대한 선구자로 평가받고 있는 최재천 교수가 2007년 출간된 나의 책『나무열전』에 추천사를 써준 덕분에 나는 그분과 간접적인 인연을 맺을 수 있었다.

'통섭'은 '지식의 통합'이다. 지식의 통합은 자연과학을 중심으로 한 여러 학문 사이의 교류를 통해 가능하지만, 내가 추구하는 나무의 일이관지는 단순한 지식의 통합이 아니라 인간 본질의 이해와 미래의 방향을 제시할 수 있다는 점에서 통섭과는 차이가 있다. 인간이 나무를 알아야 하는 이유는 인간의 출발점이 숲이었기 때문이다. 인간은 땅에서 생활하기 전까지 나무에서 살았다. 수상樹上생활은 인간의 삶을 이해하는 데 매우 중요하지만, 역사학에서는 큰 관심을 갖지 않는다. 주로 인류학에서 언급하고 있는 인간의 수상생활은 인간이 앞으로 어떻게 살아가야 할지를 보여준다. 인간이 엄마의 자궁을 가장 편안한 곳으로 느끼듯, 인류가 탄생한 숲은 인간에게 가장 편안한 곳이다. 이를 자연과학적으로 증명하는 일은 쉽지 않을지 모르지만, 인문학적으로 증명하는 일은 결코 어렵지 않다. 누구에게든 나무를 싫어하느냐고 물어보라. 싫어한다고 대답하는 사람은 한 사람도 없을 것이다. 왜 사람들은 예외 없이 나무를 좋아할까. 나는 숲에서 살았던 유전자가 인간의 몸속에 있다고 믿는다. 이 점이 바로 내가 나무로 일이관지하려는 이유이고, 이러한 작업은 곧 나의 존재와 근원을 찾아가는 여정과 같다. 이는 누구에게나 마찬가지일 것이다.

숲이 인류 탄생의 비밀을 간직하고 있다는 사실을 인식한 뒤, 나무를 중심어로 삼아 인류의 역사를 짚어보면 놀랍게도 문명이 결국 숲과 불가분의 관계라는 사실을 발견하게 된다. 그래서 나는 숲이 인류의 역사와 미래를 이해하는 '마법의 열쇠'라 생각한다. 숲은 그 어떤 분야든 연결

나무
철학

하기만 하면 관계를 맺을 수 있고, 어떤 분야에서든 핵심적인 역할을 한다. 세계 고대 문명의 흥망성쇠를 숲과 관련해서 생각한 뒤 숲과 관련한 정보를 검색해보면, 그동안 보지 못했던 값진 저술을 확인할 수 있다. 음악을 좋아하는 사람이라면, 나무와 관련된 음악 작품을 확인하는 순간 놀라운 사실을 발견할 것이다. 한국 사람들이 좋아하는 문학 장르인 시詩는 나무나 풀과 가장 밀접한 관계가 있는 분야다. 식물 없는 『시경』이 성립하지 않듯, 식물 없는 한국의 시는 상상할 수 없다. 아무 시집이나 펼쳐서 제목만 훑어봐도 나무가 얼마나 자주 등장하는지 알 수 있다. 모든 분야에 나무가 연결되어 있다는 사실은 전혀 새롭지 않지만, 그렇게 생각하는 것 자체는 새롭다. 애초부터 모든 것은 관계 속에서만 존재하는바, 특히 인간이 나무 없이는 살 수 없다는 간단한 사실 하나만 기억하거나 학창 시절에 누군가가 가르쳐줬다면, 나무와 다른 것과의 관계를 이해하는 일은 아주 쉽다.

일이관지는 그 어떤 분야도 꺼리지 않는 종횡무진縱橫無盡의 자세라야 가능하다. 나는 나무로 일이관지하면서 학창 시절 가장 싫어했던 생물학을 비롯한 자연과학에 관심을 가지기 시작했다. 나이 마흔을 넘어 대학 시절 D학점을 받아 다시는 떠올리고 싶지 않은 악몽의 자연과학에 흥미를 느꼈다는 것은 정말 놀라운 일이다. 지금도 여전히 나의 변화에 놀라고 있다. 나무를 만난 뒤에는 어떤 장르의 책, 어떤 분야의 사람도 꺼리지 않는다. 오히려 만남 자체가 흥미진진하다.

벽癖은 일이관지를 실천하는 데 아주 유용한 수단이다. 벽은 오랫동안 쌓인 일종의 병 혹은 습관이다. 내가 모든 것을 나무로 인식하는 것도 일종의 벽이다. 요즘은 벽에 걸린 사람들이 아주 많다. 어떤 사람은 사진에, 어떤 사람은 풀에, 어떤 사람은 여행에, 어떤 사람은 걷기에, 어떤 사람은 그림 수집에, 어떤 사람은 돌 수집에 미쳐 홀린 사람처럼 돌아다닌다. 이런 사람들은 아무 힘들더라도 자신이 좋아하는 것에는 시간과 돈을 아끼지 않는다. 더욱이 지치지도 않는다. 어디서 그런 힘이 나오는지 모를 만큼 왕성하게 활동한다. 혼자서 활동하든 단체로 활동하든 이런 사람들은 누가 보더라도 멋있다. 그러나 벽에 걸려 가정을 파탄내는 사람이나 한 가지에만 죽도록 매달리는 사람은 일이관지와 거리가 멀다. 자신의 벽 때문에 다른 사람들에게 피해를 주는 행위는 통찰과는 거리가 멀기에 그렇다. 나무와 풀을 촬영하는 사람들 중에는 유독 꽃을 즐겨 찍는 사람이 많은데, 꽃을 찍는 과정에서 주변의 식물을 발로 밟는 사람이 적지 않다. 아울러 좋은 작품을 촬영하기 위해 식물을 조작하는 경우까지 종종 발견된다. 이런 사람은 일이관지와 무관할 뿐 아니라, 추방해야 할 대상이다.

나는 맹목적으로 나무를 좋아하는 것이 아니다. 나무를 통해 역사와 문화를 이해하고, 나무를 통해 인류 문명의 흥망성쇠를 파악한다. 그러나 나무를 통해 내가 일이관지하려는 것은 무엇보다도 삶의 방향이자 행복이다. 아무리 나무를 통해 일이관지한다 하더라도 궁극적인 목적은 행복한 삶이기 때문이다.

제14장

공부는
나무 한 그루에서
시작된다

—
살구나무와 공자의 교육 철학

한국인만큼 교육에 목숨 거는 민족도 드물다. 이러한 한국인의 태도에 대한 공과功過를 논하기에 앞서 반드시 그 배경에 대한 이해가 필요하다. 한국인들이 교육에 목숨 거는 가장 큰 이유는 교육이 부와 권력은 물론 삶의 질까지 보장하는 수단이기 때문이다. 그래서 한국 부모의 절대다수는 자식들을 이른바 일류 대학에 보내기 위해 혈안이 되어 있다. 이러한 한국 교육의 현주소는 바람직한가.

한국인의 높은 교육열이 오늘날의 한국을 만드는 데 크게 기여한 사실을 부정할 사람은 없다. 앞으로도 한국인의 높은 교육열은 한국의 미래에 중요한 역할을 담당할 것이 분명하다. 지금까지 한국의 교육열이 국내는 물론 세계적으로도 인정받은 까닭은 교육으로 양성한 인재들이 한국의 경제성장에 크게 기여했으며, 세계 각국이 한국의 경제성장을 긍정적으로 평가하고 있기 때문이다. 그러나 그 방법을 수정하지 않는 이상 우리의 장래는 밝을 수 없다.

한국 교육의 특징은 입시 위주의 공부이자 교실 중심의 학습이다. 입시와 교실 위주의 교육은 한마디로 압축 교육의 상징이며, 이는 압축적인 경제성장의 원동력이었다. 그러나 오늘날 힘을 발휘하기에 이러한 원동력으로는 부족하다. 오늘날 교육은 더 이상 국가에서 필요한 인재는 물론 개인의 행복도 보장할 수 없다. 현재 한국 사회가 안고 있는 경제의 양극화, 인명 경시 풍조, 성폭력, 학교폭력 등 심각한 문제들도 한국 교육의 현주소와 깊게 맞물려 있다. 한국 교육이 앞으로도 계속 한국인의 삶과 미래에 긍정적인 역할을 담당하려면 새로운 방식의 교육이 반드시 필요한 시점이다.

입시 위주의 교육은 피교육자가 창의력을 발휘할 기회를 주지 않을 뿐 아니라, 궁극적으로 인간이 행복을 추구할 능력을 발휘할 수 없게 한다는 데 큰 결함이 있다. 이러한 교육 시스템은 교실 외에 다른 공간에서 행해지는 교육이 있다는 것을 애초에 상상하지도 않는다. 그래서 초등학교부터 고등학교, 심지어 대학에서도 교실 밖 교육은 거의 이루어지지 않는다. 한국의 교육은 주로 교과서를 비롯한 종이책으로 진행된다. 물론 최근에는 영상자료를 활용한 학습이 활성화되고 있지만 교실 안에서 진행된다는 점에서는 교과서 중심의 학습과 크게 다르지 않다. 따라서 한국 교육이 진정 창의적으로 변모하려면 학생들을 과감하게 교실 밖으로 내보내야 하고, 교과서 중심의 학습에서 벗어나야만 한다.

창의적인 교육은 공부 대상의 변화에서 출발한다. 종이로 만든 책

나무
철학

만 공부의 대상이고, 교실 안에서만 공부가 가능하다는 생각에서 벗어나지 않는 한 창의적인 교육은 요원하다. 세상에 존재하는 모든 것이 공부할 거리다. 삼라만상이 공부의 대상이라는 생각은 훨씬 이전부터 고대인들이 추구해왔고, 현대인은 그들의 업적을 고전으로 삼아 배우고 있다. 삼라만상이 공부의 대상인데 당연히 공부가 교실에서만 이루어질 필요는 없다. 그래서 내 수업에는 참고문헌은 있지만 종이 교재는 없다. 캠퍼스가 가장 중요한 교재다. 인간이 살고 있는 터전이 곧 학습장이라는 생각만 있어도 이전보다 훨씬 왕성한 창의력을 발휘할 수 있다.

만물을 공부의 대상으로 삼으면 죽을 때까지 행복한 여정을 즐길수 있다. 예컨대 한 그루의 나무를 공부 대상으로 삼고 나서 익숙해지면 다른 나무로 옮겨가는 방식으로 끝없이 즐길 수 있기 때문이다. 나무 이외의 사물을 대상으로 공부하더라도 마찬가지다. 이러한 생각이 새로운 것은 아니다. 고대로부터 이러한 생각을 가지고 공부한 사람이 아주 많았는데, 그중에서도 내가 선호하는 이는 특히 공자다. 유학을 창시한 공자는 제자들을 안팎에서 가르쳤는데, 밖에서 가르칠 때는 공부 대상으로 장미과의 살구나무를 택했다. 그 이유는 단지 주변에 살구나무가 흔했기 때문이다. 이처럼 공자가 야외수업 때 살구나무를 이용한 것이 하나의 사례가 되어 '살구나무 뜰'을 의미하는 '행단杏壇'이라는 용어가 탄생했고, 이후 '학문을 닦는 장소'를 의미하는 단어로 사용되고 있다. 그러나 한국에서는 행단을 살구나무가 아닌 은행나무로 이해하는 경우가 많아서 조심할 필요가 있다. 공자는 살구나무 밑에서 제자들을 가르쳤지만, 한국에서는 은행나무 밑에서 제자들을 가르쳤다. 살구나무가 은행나무로 바뀐 것을 뜻을 맞추는 '격의格義'라고 부르지만, 왜 살구가 은행으로 바뀌었는 지에 대해서는 정답이 없다.

나도 공자처럼 야외수업을 즐긴다. 수업마다 반드시 한두 차례 캠퍼스를 공부의 대상으로 삼는다. 어떤 과목은 절반이 야외수업이다. 그러나 오늘날 야외를 교재로 삼는 경우는 거의 '숲 유치원'에서나 찾아볼 수 있는 수준이다. 한 그루의 나무를 공부의 대상으로 삼기 위해서는 우선 나무와 마주했을 때 전체를 본 다음 이름부터 파악해야 한다. 물론 이름은 사람이 붙였기 때문에 이름만으로 나무의 정체성을 총체적으로 파악하는 것은 불가능하지만, 나무를 이해하는 데는 매우 유용하다. 더욱이 나무의 이름에는 나무의 특성만이 아니라 문화까지 담겨 있다.

살구나무라는 이름은 열매의 씨방이 개를 죽일 수 있다는 데서 유래했다. 공자가 살구나무 아래서 제자들에게 가르친 내용은 『논어』에서 확인할 수 있다. 나는 살구나무 아래서 공자의 핵심 사상인 인仁을 이야기한다. 공자는 『논어』에서 다양한 의미로 인을 설명했지만, 나는 그중에서도 인을 나무에 비유한 구절을 가장 좋아한다. 『논어』에는 '목木' 자가 다섯 번밖에 등장하지 않는다. 나무를 의미하는 또 다른 한자 인 '수樹'는 두 번밖에 나오지 않는다. 이처럼 공자가 『논어』에서 나무를 언급한 사례는 아주 적지만, 그중에서 자신의 핵심 사상인 인을 나무에 비유했으니 이는 예사로운 일이 아니다. 그러나 왜 인을 나무에 비유했는지에 대해서는 별다른 언급이 없다. 다만 공자는 인을 나무와 관련해 설명하면서 '강剛' '의毅' '눌訥'을 인에 가깝다고 했다. 나무를 곧 인이라 설명하지 않고 '가깝다'고 한 것에도 주목할 필요가 있지만, 강하고, 굳세고, 어눌한 것과 함께 언급한

나무
철학

살구나무.

대목도 중요하다. 중국 송나라의 정자程子는 나무를 '질박質樸'으로 풀이했다. 정자의 해석을 그대로 받아들이면, 공자가 인을 나무에 비유한 것은 나무가 질박하기 때문이었다. 살구나무를 비롯한 모든 나무가 질박하다는 말은 나무가 인공이 아니라 자연이라는 뜻이다. 공자의 인도 결국 인간의 자연스러움과 밀접한 관계가 있는 것이다.

살구나무는 우리나라 농촌 어디서나 쉽게 볼 수 있지만, 특히 술집에서 흔히 볼 수 있는 나무다. 그래서 살구꽃이 피는 마을, 즉 '행화촌杏花村'을 '술집'이라 부른다. 봄날 살구꽃이 피는 날, 막걸리라도 한잔 한다면 더없이 행복한 시간이리라. 내 고향에도 살구나무가 있다. 그러나 고향집 살구는 달지 않고 신맛이 나서 익을 때까지 기다려야만 먹을 수 있었다. 더욱이 고향의 살구나무는 바깥 화장실 옆에 살고 있는 터라 떨어진 살구를 주워 먹기가 찜찜했다. 그래도 여름철 보리를 베는 시절에는 아주 긴요한 간식거리였다. 형들과 함께 논에서 보리를 소달구지에 싣고 내린 뒤에는 나무에 올라 살구를 한 주머니 따서 가는 길에 함께 먹었다. 고향집 살구나무와 달리 숙부님 댁의 살구는 단맛이 났다. 비 오는 날에는 떨어진 살구를 줍는 게 큰 즐거움이었다. 그래서 나는 비 오는 날이면 어김없이 집 근처에 있던 숙부님 댁 살구나무로 갔다. 그곳에는 늘 바람에 떨어진 살구가 있었다. 물에 씻어서 살구를 먹는 즐거움은 이루 말할 수 없이 컸다. 물론 풋살구를 먹으면 배가 아파왔지만, 개의치 않았다.

이번 추석 때 고향에 내려가 숙부님 댁 살구나무가 태풍에 넘어졌다는 비보를 접하는 순간, 가슴이 철렁 내려앉았다. 부모님에게서 숙부님이 살아 계실 적에 심었던 살구나무가 바람에 넘어져 톱으로 잘랐다는 소식

나무
철학

을 듣고 곧장 달려가 확인하려 했지만, 늦은 밤이라 다음 날 아침까지 기다려야 했다. 그 소식을 들은 이후로는 온통 살구나무 생각뿐이었다. 나의 삶과 함께했던 살구나무가 쓰러졌다는 소식에 내 추억마저 무너진 심정이었다. 다음 날 현장에 가보니 나무는 벌써 토막토막 잘린 뒤였다. 밭언덕 가장자리에 살고 있었던 살구나무는 몸이 모두 잘린 채, 몸을 잃은 뿌리는 뽑힌 채 누워 있었다. 차마 눈 뜨고 볼 수 없을 만큼 처참한 광경이었다.

죽은 살구나무는 봄철 고향에 가면 언제나 활짝 핀 꽃으로 나를 반겨주었다. 다섯 장의 꽃잎이 바람에 날리면 저 멀리 화왕산마저 어깨를 들썩거렸다. 10년 전 돌아가신 숙부님께서 심었던 바로 그 살구나무가 생을 다한 것이다. 해마다 살구를 주시던 숙모님도 암에 걸려 투병하다가 몇 년 전에 돌아가셨다. 나는 쓰러져 잘린 살구나무를 차에 실어 내가 사는 곳으로 가져왔다. 부모님은 땔감으로 사용하라고 했지만 한사코 집으로 가져왔다. 내가 무리하게 살구나무를 차에 실어온 것은, 나의 추억은 물론 숙부 및 숙모님, 나의 형들과 재종들의 추억이 서려 있는 살구나무를 한 줌의 재로 만들고 싶지 않았기 때문이다.

차에서 살구나무를 내리고 찬찬히 살펴보았다. 나무의 껍질은 이끼가 끼어 강한 회색이었다. 살구 중에도 개살구는 회색을 띠면서 코르크가 발달하는 반면, 살구나무는 적갈색을 띠면서 코르크가 발달하지 않는다. 잎보다 꽃이 먼저 피는 살구나무는 꽃자루가 거의 없지만, 개살구는 아주 짧게 나 있다. 익은 살구는 열매살과 씨가 잘 떨어지지만 개살구는 그렇지 않다. 한 번도 본 적 없던 살구나무의 나이테를 그때 처음 보았는

살구나무 꽃.

데, 선명하지 않았다. 반면 나무의 중심부인 심재心材와 주변부인 변재邊材는 아주 선명했다. 70년 정도 산 나무의 심재와 변재는 각각 절반씩을 차지하고 있었다. 살구나무의 심재는 색깔이 짙고 변재는 옅어 선명한 대비를 이룬다. 언제부터 심재가 형성되었는지 모르지만, 나무의 나이가 일흔이라면 심재의 나이는 서른다섯 정도다.

공자는 자신이 살기 위해서는 먼저 남을 일으켜 세워야 인仁한 사람이라 했다. 살구나무를 보면서 늘 공적인 것을 먼저 하고, 사적인 것을 나중에 한다는 공자의 '선공후사先公後私' 정신을 되새긴다. 숙부님이 직접 심었던 살구나무는 죽었지만 영원히 나의 마음속에서 매년 꽃을 피우고 열매를 맺는다. 나의 고향 살구나무처럼 누구나 마음속에 자라는 나무 한 그루가 있게 마련이다. 마음에 자라는 나무 한 그루를 평생 공부의 대상으로 삼는다면 행복할 것이다.

제15장

제 역할을
다한다는
것

묵묵한 소신의 철학

세상에 태어난 모든 존재는 각자의 역할이 있다. 그들 중 가장 행복한 사람은 자신의 역할을 다하고 죽은 자다. 그러나 제 역할을 다하지 못하고 죽는 이들도 많다. 어떻게 하면 제 역할을 다하면서 살아갈 수 있을까. 이를 위해서는 무엇보다도 스스로에 대한 정확한 분석과 판단이 필요하다. 나무 중에서도 큰키나무가 있는가 하면 작은키나무도 있고, 매년 잎이 떨어지는 나무가 있는가 하면 늘푸른나무도 있고, 또 잎이 뾰족한 나무가 있는가 하면 잎이 넓은 나무가 있듯이, 사람들도 타고난 능력이 저마다 다르다. 그렇지만 능력이 다르다고 해서 그 가치마저 다른 것은 결코 아니다.

나는 나무를 공부하기 전까지 많은 콤플렉스에 시달리면서 살았는데, 그중에서도 작은 키에 대한 열등감이 가장 심했다. 4형제 중 막내인

내 키는 유독 작았다. 어릴 적부터 형들은 모두 한국 남성 평균치보다 키가 큰데 왜 나만 그보다 훨씬 작은 키로 태어났는지 늘 불만이었다. 부모님은 형제 중 내가 가장 작은 이유에 대해 어머니가 나를 임신한 1960년에 큰 가뭄이 들어 영양 공급이 매우 부실했기 때문이라고 설명하지만, 그해를 기억하지 못하는 나로서는 그 설명을 충분히 납득할 수 없었다. 그렇게 내 스스로 작은 키를 인정하기까지 40년의 세월이 걸렸다.

세상에는 키가 큰 자도 있고 키가 작은 자도 있지만, 꼭 키가 커야만 제 역할을 할 수 있는 것은 아니다. 만약 산에 큰키나무만 있었다면 장마철 홍수를 피할 수 없었을 것이다. 큰키나무에 내린 비는 곧장 땅으로 떨어져 흙을 쓸어버리기 때문이다. 하늘에서 비가 내리면 먼저 키가 큰 나무에 내렸다가 다시 키가 작은 나무로, 키가 작은 나무에서 풀로 이어져야만 홍수를 피할 수 있다. 사람도 마찬가지다. 키가 큰 사람만 있거나 키가 작은 사람만 있다면 조화롭게 살아갈 수 없다. 나무든 인간이든 다양성이 중요하다. 문화도 다양한 인간과 민족이 만들어낼 때 가치가 있다. 만약 이 세상에 하나의 문화만 있다면 무슨 가치가 있겠는가. 많은 사람이 세계 곳곳을 여행하는 이유도 가는 곳마다 다양한 사람과 문화를 만날 수 있기 때문이다.

나는 내 작은 키를 인정한 후 나무 이름을 갖기로 했다. 나무 이름을 갖는다는 것은 스스로에 대한 자신감의 표현이자, 나무와 평생 함께하려는 원대한 꿈의 표현이었다. 어떤 나무가 잘 어울릴까 고민하다가 쥐똥나무를 선택했다. 나무를 공부하면서 쥐똥나무라는 이름을 처음 만났을 때 좀 당황했던 기억이 아직도 생생하다. 식물학자들은 나무 이름에 왜

나무
철학

하필 '쥐똥'을 넣었을까. 그때는 아무리 인간 마음대로 나무에 이름을 붙이더라도 최소한의 예의는 있어야 한다고 생각했다. 그렇게 생각했던 내가 내 나무 이름으로 쥐똥나무를 고른 것은 나와 닮은 부분이 아주 많았기 때문이다.

식물학자들이 나무 이름에 '쥐똥'을 붙인 것이 달리 생각되기 시작했다. '똥'은 쥐든 사람이든 피할 수 없는 생리현상이지만, 어떻게 생각하느냐에 따라 그 가치의 차이는 하늘과 땅만큼 크다. 사람들은 보통 똥이 '더럽다'는 생각에서 크게 벗어나지 못하지만, 똥만큼 인간을 비롯한 모든 동물의 생명을 유지시켜주는 것도 없다. 동물은 배설하지 않고는 살아갈 수 없다. 똥은 흔하면서도 동물에게 매우 소중하다. 배설하는 것이 얼마나 중요한지를 알려주는 이야기가 있다.

시집간 딸에게 아버지가 유일하게 물었던 질문은 "똥 잘 싸나?"였다. 똥을 잘 싼다는 것은 스트레스를 거의 받지 않고 결혼 생활을 잘 하고 있다는 뜻이므로, 다른 것은 물을 필요조차 없었던 것이다. 이 질문은 간단하지만 매우 함축적이다. 이처럼 쥐똥나무의 이름 역시 가장 흔하면서도 가장 소중한 것을 담고 있다고 생각한다.

옛날 우리 조상들은 아주 귀한 것을 귀하게 여기기 위해서 우회적으로 '개똥이' 같은 흔한 이름을 붙이곤 했다. 식물학자들이 가장 흔한 '똥'을 나무의 이름에 붙인 것도 바로 쥐똥나무를 아주 귀하게 여겼기 때문일 것이다. 사람들은 많은 경우 흔하면 귀하게 여길 줄 모른다. 옆에 있는 사람이 가장 소중한데도 그 가치를 모르듯이, 일상에서 만나는 식물이 얼마나 소중한지를 모르는 경우가 많다. 장자는 제자들이 '도가 무엇인지를 자꾸 묻자, '똥'이라고 대답했다. 장자가 '도'를 똥이라고 말한 것은 사람들이 먼 곳에서 삶의 지침을 찾는 것을 경계하기 위한 일침이다. 선종에서 얘기하는 '평상심이 곧 도'라는 것도 장자의 말과 같이 평범하고 일상적인 것이 얼마나 중요한지를 일깨워주는 말이다.

식물학자들이 나무 이름에 '쥐똥'을 붙인 이유 중 하나는 열매의 모양 때문이었다. 쥐똥나무의 열매는 쥐의 배설물처럼 생겼다. 익으면 검게 변한다. 북한에서는 쥐똥나무를 '검정알나무'로 부르고 있다. 북한 사람들은 쥐똥나무의 열매를 검은 콩알로 생각했다. 쥐똥나무는 갈잎떨기나무지만, 왕쥐똥나무·상동잎쥐똥나무처럼 절반 정도는 늘푸른나무도 있다. 쥐똥나무의 부모는 물푸레나무다. 가지를 꺾어 물에 담그면 푸른 물이 우러나와 물푸레나무라는 이름이 붙었는데, 이 나무는 갈잎큰키나무지만 자식인 쥐똥나무는 키가 작은 떨기나무다. 나의 부모님과 형제들은 키가 작지 않건만 나만 키가 작은 것도 쥐똥나무와 닮았다. 쥐똥나무는 키뿐만 아니라 꽃과 열매도 부모를 닮지 않았다. 쥐똥나무의 꽃은 흰색이고 열매는 검게 익지만, 물푸레나무의 꽃은 수수처럼 갈색에 가깝고 길쭉한 모양의 열매는 갈색으로 익는다. 언뜻 보기에는 쥐똥나무가 물푸레나무를 전혀 닮지 않은 것처럼 보이지만, 부모를 닮지 않는 자식이 없듯이 자세히 보면 닮은 구석도 있다. 회백색의 껍질도 닮았지만, 껍질보다는 그 속이 닮았다. 물푸레나뭇과의 나무들이 지닌 특징 중 하나는 탄력성이다. 쥐똥나무는 그 어떤 나무보다 탄력성이 좋다.

내 나무 이름을 쥐똥나무로 삼은 이유 중 하나도 탄력성이다. 어릴 땐 몸과 마음이 탄력을 유지하지만 나이를 먹어가면서 점차 탄력을 잃는

나무
철학

쥐똥나무 열매.

다. 피부의 탄력을 잃는 것은 어쩔 수 없지만, 마음마저 탄력을 잃어버리면 정말 곤란하다. 마음의 탄력마저 잃어버리면 죽은 나뭇가지처럼 부러지거나 다치기 쉽다. 사람이 나이 들면서 마음의 상처를 많이 받는 이유도 탄력을 잃기 때문이다. 탄력을 잃어버리면 수용하는 데 어려움이 생길 수밖에 없다. 탄력이 없으면 다른 사람의 사소한 얘기에도 마음이 편치 않아 상처를 받는다. 그러나 쥐똥나무는 평생 탄력을 유지하면서 살아간다. 나는 쥐똥나무의 이런 자세를 본받고 싶었던 것이다.

쥐똥나무는 우리나라 어디서든 흔히 만날 수 있는 평범한 나무다. 내가 살고 있는 곳에도 쥐똥나무가 있어, 매일 쥐똥나무를 보면서 출근한다. 그런데 보통은 쥐똥나무가 곁에 있다는 것을 알아차리지 못한다. 쥐똥나무는 어른의 키보다 작아서 눈에 잘 띄지 않기 때문이다. 나는 쥐똥나무의 이런 점이 좋다. 어릴 적부터 다른 사람들보다 특별히 잘하는 것이 없어 사람들 눈에 잘 띄지 않았던 나는 지금도 사람들의 눈에 잘 띄지 않고 살아가길 바란다. 하지만 그렇다고 쥐똥나무가 존재감이 없는 것은 결코 아니다. 쥐똥나무는 사람들이 많이 살고 있는 아파트 단지에 '생울타리'로 각광받고 있다. 죽은 존재가 아니라 살아 있는 존재를 울타리로 삼을 수 있다는 사실은 각별하다. 울타리는 누군가를 지켜주는 역할을 한다. 누군가를 지켜주면서 살아가는 것만큼 아름다운 삶도 드물 것이다. 지켜줄 수 있다는 것은 자신의 삶이 다른 존재에게도 도움이 된다는 뜻이니, 그만큼 쥐똥나무의 삶이 넉넉하다는 의미다. 또한 울타리는 자신이 바람을 맞음으로써 다른 사람에게로 가는 바람을 막아준다. 이러한 역할을 맡은 쥐똥나무는 고귀하기까지 하다.

나무
철학

울타리 역할을 하면서 살아가는 쥐똥나무의 위대함은 타인의 고통과 어려움을 보호하면서도 자신을 결코 드러내지 않는다는 점이다. 이 점이야말로 내가 쥐똥나무를 나무 이름으로 삼은 가장 큰 이유다. 나는 어릴 적부터 다른 사람들 앞에 나서는 것이 매우 불편했다. 지금은 나무에 관련된 특강 때문에 사람들 앞에 나서는 경우가 적지 않지만, 사실 이를 즐기는 편은 아니다. 지금도 가능하면 그런 자리를 피하면서 살아가고 싶다. 나는 쥐똥나무처럼 남 앞에 나서지 않으면서도 묵묵하게 자신의 역할에 충실한 사람이고 싶다. 쥐똥나무처럼 살아가는 것이 나의 인생철학인 셈이다. 내가 쥐똥나무처럼 살고 싶은 것은 그만큼 나 자신을 잘 알기 때문이다. 나이를 먹으면서 깨닫는 것 중 하나가 자신의 역량을 정확하게 파악해서 실천하는 일의 중요성이다. 많은 사람이 높은 자리에 오르고, 권력을 잡고, 돈을 많이 벌고 싶어하지만 이를 전부 이룰 수는 없다. 사람들은 알면서도 실천하지 못한다. 요행을 바라기 때문이다. 인간의 화는 자신의 역량 이상으로 무언가를 바랄 때 생기는지도 모른다. 그래서 나는 맹자가 말한 "하늘이 내린 재앙은 피할 수 있지만, 스스로 만든 재앙은 피할 수 없다"는 말을 아낀다. 인간의 불행은 쉼 없이 찾아오지만, 결정적인 재앙은 스스로 만든다.

키가 큰 나무든 작은 나무든 모든 나무는 꽃을 피운다. 사람들은 대부분 화려한 꽃을 선호하지만, 꽃은 그 자체로 아름다운 법이다. 쥐똥나무는 작은 키 때문에 꽃도 사람들의 눈에 잘 띄지 않는다. 그렇지만 쥐똥나무의 꽃은 한번 보기만 해도 감동을 준다. 나무에 관심을 갖고 있는 사람들에게 쥐똥나무에 대해 이야기하면 대부분 그 꽃을 칭찬한다. 그만큼

나무
철학

쥐똥나무 꽃.

쥐똥나무의 꽃은 매력적이다. 그러나 쥐똥나무의 꽃은 한국인들이 좋아하는 벚꽃이 지고 난 뒤, 꽃을 피우는 나무가 드문 5~6월에 피어나기 때문에 사람들의 관심을 끌지 못한다. 쥐똥나무는 이런저런 이유로 사람들의 관심을 끌 수 있는 기회가 거의 없다. 살다 보면 쥐똥나무처럼 다른 사람들의 관심을 받지 못한 채 살아가는 사람들이 많다. 그들은 간혹 세상이 자신을 알아주지 않는다고 울분을 토하기도 하고, 세상을 원망하기도 한다. 나도 한때 나 자신을 알아주지 않는 주변 사람들을 원망하고, 세상을 탓하기도 했다. 그러나 나무가 살아가는 모습을 보면서 그런 생각이 얼마나 부질없는 짓이었는가를 깨닫곤 한동안 부끄러움으로 자책하는 시간을 보냈다.

쥐똥나무의 꽃은 마주 나는 잎 끝부분에서 피어난다. 털이 난 꽃받침과 꽃자루 위로 올라온 하얀 쥐똥나무 꽃은 햇살을 받으면 마치 천사가 하늘에서 내려온 듯 아름답다. 쥐똥나무의 이러한 모습은 복잡한 도시에서도 빛나지만, 산기슭에서 만나면 도시에서 만날 때와는 또 다른 면을 느낄 수 있다. 도시의 생울타리로 살아가는 쥐똥나무는 가지런하게 정리되어 있지만, 산기슭에서 자라는 쥐똥나무는 자연스럽게 우거져 있기 때문이다. 산기슭의 쥐똥나무는 옹기종기 붙어서 살아가는 도시의 쥐똥나무보다 왜소해서 측은한 느낌마저 들지만, 나는 좋은 공기를 마시면서 자유롭게 살아가는 쥐똥나무를 사랑한다. 산기슭에서 사는 나무는 때론 외롭고 쓸쓸하고 도시의 나무들보다 사람들의 관심을 덜 받겠지만 자기만의 시간을 많이 가질 수 있는 장점이 있다. 간혹 산에서 쥐똥나무를 만나면 나는 한참 동안 그 곁에 앉아 나무를 바라본다. 그 시간만큼 행복한 순간

나무
철학

도 없다. 어떤 경우에는 나무를 바라보다가 이대로 죽어버린다면 얼마나 좋을까 하는 생각을 할 때도 있다.

　나는 남의 관심을 끌지 않으면서 매력적인 향기를 품어내는 쥐똥나무 같은 존재가 어두운 세상을 밝힌다고 생각한다. 세상에는 양지에서 왕성하게 활동하는 사람이 있는가 하면 음지에서 왕성하게 활동하는 사람들도 있다. 세상 사람들은 눈에 잘 띄는 활동가를 칭찬하곤 하지만, 눈에 잘 띄지 않는 곳에서 활동하는 사람들도 칭찬받아야 마땅하다. 쥐똥나무처럼 키가 작더라도 작은 키를 인정하면서 묵묵하게 살아가는 사람들이야말로 세상의 등불이다. 사람들은 유명 인사를 기억하면서 그들이 역사를 변화시킨 주인공이라 생각하지만, 역사를 찬찬히 들여다보면 결코 그들만이 주인공이 아님을 알 수 있다. 역사의 주인공은 시대, 국가를 불문하고 사람들의 관심을 끌지는 못했지만 자신의 자리에서 열심히 살아가는 보통 사람들이었다. 보통 사람들의 삶이 곧 그 시대와 국가를 밝힌다. 쥐똥나무는 꽃이 드문 계절에 지친 사람들의 어깨를 일으켜 세우는 희망의 나무다.

제16장

등신藤身처럼
살아야
아름다운 꽃을
피울 수 있다

여락與樂의 철학

등(나무)은 한국의 더운 여름을 시원
하게 만들어주는 고마운 나무다. 한국의 도시, 농촌 마을, 학교 등 어느
곳이든 등 쉼터가 있다. 등 쉼터에서 어른들은 바둑과 장기놀이로 더위를
식히고, 학생들은 지친 머리를 식히고, 시민들은 바쁜 일상에서 지친 어
깨를 내려놓는다. 무주의 공설운동장은 자리를 온통 등으로 장식해 무주
군민들은 여름철에도 등 그늘에서 행사를 즐길 수 있다. 이처럼 등은 여
름 피서에 반드시 필요한 존재다. 그러나 등이 여름을 시원하게 만들어줄
수 있는 이유에 대해 생각하는 사람은 드물다.

내가 사는 아파트 베란다에도 등 한 그루가 살고 있다. 어느 날 아내
가 밖에서 흙을 가져와 화분에 살고 있는 나무에게 주었다. 그런데 어느
봄날 그곳에서 싹이 돋아났다. 등이었다. 베란다에서는 일조량 등의 문제

로 등을 키우기가 쉽지 않지만, 그래도 싹 틔운 생명체를 죽일 수 없어 함께 살았다. 점차 시간이 지나면서 등은 벽을 타고 올라가 에어컨 파이프를 감기 시작했다. 벽을 타고 올라가는 데는 전문가지만, 햇볕이 충분하지 않은 탓인지 파이프에서 자주 미끄러지곤 했다. 아내는 이 모습이 못내 안타까웠는지 줄기를 끈으로 파이프에 묶어주었다. 아내는 살아남기 위해 발버둥치는 등을 도와줬다는 생각에 기분이 무척 좋은 것 같았다. 그러나 다음 날 아침, 아내는 베란다 문을 열자마자 괴성을 질렀다. 아내가 불러 가보니 끈으로 묶은 등의 줄기가 죽어 있었다.

나는 하루 종일 등의 줄기가 죽은 이유가 무엇인지 생각해봤지만 쉽사리 떠오르지 않았다. 등은 결코 혼자서는 살아갈 수 없는 식물이다. 어떤 존재든 더불어 살아갈 수밖에 없지만, 등은 땅 위에서도 다른 곳에 기대고서야 살아갈 수 있다. 등의 본성은 누군가에게 기대야만 살아갈 수 있는 덩굴성이기 때문이다. 덩굴성 식물은 다른 존재에 기대어 햇볕을 향해 나아간다. 그런데 등은 다른 존재에 기대어 살면서도 일정한 규칙을 가지고 있는데 다름아닌 감는 방향이다. 등나무는 왼쪽에서 오른쪽으로 감아 올라간다. 반면에 칡은 오른쪽에서 왼쪽으로 감아 올라간다. 칡과 등의 감아 올라가는 방향 때문에 생긴 단어가 바로 갈등葛藤이다. 집 베란다의 등나무 줄기가 죽은 것은 아내가 등의 특성을 무시한 채 반대 방향으로 감았기 때문이었다.

경상북도 경주시 현곡면 오류리에는 신라 화랑을 사랑한 자매의 슬픈 사랑 이야기가 담긴 등(천연기념물 제89호)이 살고 있다. 팽나무를 사이에 두고 두 그루의 등이 팽나무를 감아 올라가는 모습은 정말 아름답다.

나무
철학

등은 하늘을 향해 올라가는 반면 봄철에 피는 보랏빛 꽃은 땅을 향한다. 등나무 꽃이 땅을 향하는 것은 꽃송이가 무거워 위로 올라갈 수 없기 때문이기도 하지만, 하늘로 향하는 등이 혹시 땅으로 떨어질까 균형을 잡는 것인지도 모른다.

꽃이 만발한 등 아래로 들어서면 정말 '등불'처럼 환하다. 고개를 들어 꽃을 보면 깜짝 놀라고 만다. 우선 짙은 향기에 놀라고, 윙윙대는 소리에 놀란다. 이 소리는 벌떼 때문이다. 등은 다른 존재에 기대어 살면서 또다른 존재에게 자신을 내준다. 사람들은 주로 등이 다른 존재에게 기대는 모습만 보는 경우가 많아 어떤 시인은 등나무처럼 다른 존재에 기대어 사는 덩굴성 식물을 이기적이라고 비판했다. 덩굴성 식물의 삶에 대해 비난하는 것은 정말 어리석은 일이다. 덩굴성 식물이 자신만 생각하는 이기적인 존재라고 여기는 것은 편견이다. 편견은 어떤 사실을 정확하게 보지 못하고 한쪽으로 기운 상태로 삐딱하게 보는 것을 말한다. 특히 사람은 다른 존재에 쉽게 편견을 갖는다. 세상을 자기중심적으로 볼 뿐만 아니라 자세히 관찰하지 않고 대충 보기 때문이다. 사람들이 덩굴성 식물을 비난하는 이유 역시 다른 나무를 타고 올라가는 모습만 보기 때문이다. 덩굴성 식물이 위로 올라가는 과정과 올라가서 살아가는 모습을 본다면 결코 비난하지 못할 것이다.

등이 다른 존재의 몸에 기대서 살아가는 모습은 일종의 '동행同行'이다. 동행은 같이 가는 것을 의미한다. 같이 간다는 것은 어느 한쪽이 우위에 있지 않다는 뜻이다. 그러나 오늘날 우리 사회는 '갑'과 '을'의 수직적인 관계 때문에 갈등이 매우 깊다. 정권 교체 때마다 '상생相生'을 외치지 얽혀 있는 등나무 줄기.

만 불평등한 구조는 나날이 깊어진다. 이러한 사회적 갈등을 해소하기 위해서는 우선 존재에 대한 인식의 전환이 필요하다. 인식의 전환 중에서도 가장 중요한 것은 모든 생명체가 처음부터 더불어 살아가는 존재라는 것을 깨닫는 일이다.

나는 학교에서 등 가지에 참새가 앉아 있는 모습을 즐겨 관찰한다. 등이 참새에게 몸을 내주는 모습은 무척이나 아름답다. 특히 더불어 살아가는 모습이 감동적이기 때문에 계속 관찰을 하게 된다. 살면서 독락獨樂만큼 가치 있는 것은 '여락與樂'일지도 모른다. 여락이라는 단어는 맹자가 말한 '여민동락與民同樂'에서 빌린 말인데, '함께 즐긴다'는 것만큼 위대한 것도 드물다. 그래서 나는 맹자의 '여민사상'을 좋아한다. 군주의 독락에 대한 비판에서 나온 맹자의 여민사상은 즐거움마저 독점하는 지배자의 문제점을 신랄하게 비판한다. 세상에는 자본을 독점하는 사람들뿐만 아니라 즐거움마저 독점하는 사람들이 있다. 특히 지도자의 경우 자신들만의 즐거움을 위해 호화주택을 짓거나 멋진 정원을 만들곤 한다. 연예인 중에도 산수 좋은 곳에 전원주택을 지어서 독락하는 사람이 많다. 독락이 반드시 나쁜 것은 아니지만 주위 사람들에게 피해를 주어서는 안 된다. 그러나 요즘 일부 사람들은 자신들의 독락을 위해 산수를 훼손하는 경우가 적지 않고, 정부는 그런 행위를 보고도 눈감는다. 특히 농촌에 땅을 사서 전원주택을 짓고 주말마다 와서 즐기고 가는 도시 사람들이 있는데, 그들은 마을 사람들과 거의 어울리지 않는다. 자본주의 사회에서 자신의 돈으로 집을 짓고 사는 것을 누가 탓하랴. 그러나 농촌은 공동체 공간이고, 공동체는 더불어 살아가는 터전이다. 따라서 누구든 공동체를 유지할 의무가 있다. 맹자가 온갖 물고기와 기암괴석으로 가득한 궁궐 정원에서 혼자 즐기고 있는 임금을 나무란 것도 임금이 즐기는 공간이 단순히 그의 소유가 아니라 백성의 소유이고, 백성의 삶을 돌보지 않고 혼자서 누리는 즐거움이 얼마나 다른 사람들을 피곤하게 만드는지를 일깨워주기 위한 것이었다. 함께한다는 '여與'는 '준다'는 뜻을 가지고 있다. 등이 가지를 참새에게 내주는 것이 바로 여락이다. 누군가가 쉴 수 있도록 몸을 내주는 것, 지친 사람에게 어깨를 빌려주는 일은 아무리 하찮은 것일지라도 위대하다. 그러나 식물은 다른 존재에게 자신의 몸을 내준다는 생각조차 하지 않고 그저 자연스럽게 내준다. 사람들은 평등한 세상을 꿈꾸지만, 어떻게 평등한 세상을 만들 수 있을지에 대해서는 크게 고민하지 않는다. 내가 아닌 다른 사람들이 만들어줄 것이라 생각하는 경향이 짙다. 그러나 평등한 세상은 남이 만들어주지 않는다. 이 땅에 사람이 산 이후 그런 경우는 없었고, 앞으로도 없을 것이다. 평등한 세상은 스스로 만들어야 한다.

등꽃이 진 자리에 열매가 열리면 여름이 끝나고 가을로 접어든다. 만약 만개한 등꽃을 제대로 보지 못하고 열매만 본 사람들은 아쉬워하지만 말고 등 아래 떨어진 꽃을 보시라. 아쉬움을 다소 해소할 수 있을 것이다. 나는 그래도 아쉬움이 남는 사람들에게 나만의 비법을 알려주곤 한다. 비법이란 다른 것이 아니라 떨어진 꽃이 몇 개인지를 세어보는 것이다. 간혹 이런 얘길 들은 사람 중에는 의심의 눈초리를 보내며 내 말을 신뢰하지 않는 사람이 있다. 황당하기 때문이다. 그러나 평소 생각하지 않았다고 해서 그것이 황당한 것은 아니다. 꽃송이를 세어보는 사람은 세상에 몇 없다. 하지만 직접 꽃송이를 세어보면 놀라운 사실을 발견할 수 있다. 꽃을

관찰하면 식물이 왜 그런 모양과 향기를 만들어냈는지 알 수 있다. 등을 비롯한 모든 식물은 꽃의 모양과 향기를 대충 만들지 않는다. 생존을 위한 철저한 전략 아래 만든다.

잎과 함께 피는 등꽃은 꽃차례가 무려 30센티미터다. 등꽃 한 송이의 무게는 얼마이고, 한 송이에 달린 꽃잎은 몇 개일까. 가지 끝이나 잎겨드랑이에 달린 꽃은 엷은 자주색이고, 나비를 닮았다. 나비를 닮은 꽃 모양은 부모인 콩을 연상시킨다. 이런 모양의 꽃이 떨어지면 나비처럼 바람에 훨훨 날아갈지도 모른다. 사람들은 떨어진 꽃을 무심코 발로 밟아버리곤 하지만, 떨어진 꽃마저 사랑할 줄 알아야 진정 한 존재를 사랑한다고 말할 수 있다. 내가 떨어진 꽃을 하나하나 세어보라는 것도 한 존재를 사랑할 수 있는 방법이기 때문이다. 즐거움을 함께하기보다 슬픔을 함께하는 자가 진정 좋은 벗이듯, 핀 꽃보다 진 꽃을 사랑할 줄 아는 사람이 그 존재를 한층 더 사랑할 줄 아는 자다.

등의 열매는 작두콩처럼 길다. 열매가 긴 것은 꽃의 길이가 길기 때문일 것이다. 꽃이 땅으로 드리우는 것처럼 열매도 땅으로 드리운다. 열매를 보면 등이 부모인 콩을 무척 닮았다는 것을 알 수 있다. 갈잎덩굴의 등잎은 짙은 그늘을 만들어 사람들을 자신의 몸, 즉 등신藤身으로 불러들인다. 그러나 등신 아래서 더위를 식히며 곤히 잠을 자는 사람들은 등의 몸이 어떤 모습인지를 기억하지 못한다. 도시에서 조성한 등의 모양을 보면 여러 그루를 함께 심은 탓에 꽈배기와 흡사하다. 나이를 많이 먹은 등신은 마치 두 마리 뱀이 몸을 섞은 듯 보인다. 등신은 회갈색이지만 잔가지는 갈색이다. 등처럼 나무의 몸 색깔은 나이에 따라 다를 수 있고, 줄기와

나무
철학

등나무 열매.

가지가 다를 수도 있다.

　세상살이는 생각보다 힘들다. 그러나 사람들이 힘들어하는 것은 단순히 경제적인 어려움이 아니라 함께하는 사람들이 적기 때문이다. 부모들이 느끼는 어려움 중 하나는 자식이 부모의 생각대로 살아주지 않는다는 것이다. 그러나 사실은 자식이 부모의 뜻을 따르지 않는 것이 아니라, 부모가 자식과 함께하지 않기 때문이다. 한국에서는 부모가 자식과 절대 동행하지 않는다. 자식과 발걸음을 같이하면서 걷는 부모는 드물다. 그들은 자식의 손을 잡고 앞장서서 가고, 자식은 부모의 손에 끌려 마지못해 걸어간다. 어버이를 의미하는 한자 '친親'은 사람이 나무 위에서 바라보는 모습을 형상화한 글자다. 부모가 자식의 손을 끌고 앞장서는 모습이 아니다. 자식들은 부모와 발걸음을 나란히 하면서 걸어가고 싶어하지만, 부모는 그런 자식의 모습을 달가워하지 않는다.

　자식은 부모를 닮는다. 등의 열매 속에는 3~6개의 둥글납작한 씨가 들어 있고, 색은 부모의 껍질을 닮은 갈색이다. 진정 자식을 사랑한다면 자신을 닮은 모습을 사랑해야 하지만, 부모들은 간혹 자신을 닮은 자식을 좋아하지 않는다. 등이 왼쪽에서 오른쪽으로(간혹 오른쪽에서 왼쪽으로) 감아 올라가는 모습은 제 부모인 콩을 닮아서이지 다른 누구를 닮아서가 아니다. 콩은 자신을 닮은 등을 원망하지 않는다. 인간은 칡과 등이 살아가는 모습을 보면서 갈등이라는 단어를 만들었지만, 칡과 등은 갈등으로 얽힌 채 살아가지 않는다. 인간의 갈등은 등과 칡, 칡과 등 같은 겉모습이 아니라 등처럼 살아가지 않는 데서 생긴다. '등신'처럼 산다는 것, 갈등 없이 산다는 것은 다름이 아니라 함께 가는 것이다.

제17장

소통은
겨울의
갈잎나무처럼

경청敬聽의 철학

이 시대의 주요한 현안으로서 소통이 등장한 지도 꽤 오래되었다. 사실 우리 삶에서 소통이 큰 비중을 차지하지 않은 적은 없었다. 그럼에도 요즘 유독 소통을 강조하는 것은 불통의 요인이 우리 사회에 많이 자리하고 있기 때문이다. 다만 한 가지 이상한 점은 현대사회는 그 어느 때와도 비교할 수 없을 만큼 다양한 수단이 발달해 있는데도 소통의 필요성이 계속해서 강조된다는 점이다. 인류 역사상 소통 수단이 가장 발달된 시대에, 소통이 제대로 이루어지지 않는 이유는 무엇일까.

소통은 세대·지역·계층과 관계없이 모든 분야에서 이루어져야 정상이지만, 우리 사회는 많은 분야에서 여전히 불통이다. 예컨대 통신 수단의 발달로 부모와 자식 간의 연락은 이전보다 훨씬 쉬워졌으나 세대 간의 갈등은 지난 시대보다 더 심각한 상황이다. 또한 통신 수단의 발달로 지역 간의 소통은 상상을 초월할 만큼 원활한 상황이지만 지역 간의 갈등은 여전하다. 기술의 발달로 자본주의 사회는 한층 성장하고 있지만 계층 간의 격차는 좀처럼 나아질 조짐이 보이지 않는다. 이러한 현상은 소통의 문제가 통신 수단이나 기술의 발달만으로는 원활해지지 않는다는 것을 분명하게 보여준다.

무엇보다도 소통이 중요한 이유는 소통 없이는 개인부터 사회까지 상존하는 갈등 문제를 해소할 수 없기 때문이다. 통신의 발달이 원활한 소통을 보장하지 못한다면 다른 곳에서 해결 방법을 찾아야 한다. 오히려 통신 수단의 발달이 소통을 가로막고 있는지도 모른다. 국민의 다수가 사용하고 있는 스마트폰은 다양한 기능으로 서로 간의 소통을 원활하게 하고 인간의 삶을 여러 측면에서 크게 바꾸고 있지만, 좋지 않은 방향으로 바뀌는 것도 많아 염려스럽다. 가장 심각한 것은 점차 땅과 하늘을 보지 않는다는 점이다. 사람들이 스마트폰을 손에 쥐게 되면서 하루 종일 기계와 함께 보내는 시간이 훨씬 많아졌다. 이런 현상은 남녀노소 모두에게 발생하고 있다. 이처럼 스마트폰은 멀리 떨어져 있는 사람 간의 소통은 이전보다 훨씬 편리하게 만들었지만, 정작 가장 가까운 사람끼리의 소통은 어렵게 만들고 있다. 삼삼오오 다니는 사람들조차 옆 사람보다는 스마트폰과 대화하고, 직장인들은 식사하기 위해 식당에 들어가면 주문을 마친 후 약속이나 한 듯 자신의 스마트폰에 눈길을 준다. 같이 있는 사람끼리의 대화는 없어지고, 설령 얘기를 나누더라도 건성으로 주고받거나 중간에 스마트폰을 만지작거리기 일쑤다. 이처럼 스마트폰을 비롯한 각종 기

나무
철학

계는 소통의 주요 수단으로 등장했지만 정작 소통의 목적을 방해하고 있다. 간접적인 대화는 쉬워졌지만 얼굴을 맞대며 소통하는 직접적인 대화는 어렵게 만들고 있는 것이다.

교육 현장에서도 스마트폰의 폐해는 심각하다. 학생들은 옆 사람은 물론 다른 생명체와 대화하지 않으며 오직 기계 속에서 소통한다. 이를 비추어봤을 때, 나는 한국의 장래가 나무와의 소통 여부에 달려 있다고 믿는다. 우리나라 젊은이들이 지속적으로 나무와 소통한다면 이후 한국의 미래도 밝아질 것이다. 대화도 연습이 필요하듯이, 나무와의 소통역시 연습이 필요하다. 어릴 때부터 소통하는 법을 배워야만 어른으로 성장해서도 별 문제없이 다른 대상과 소통할 수 있다는 점에서 초등학교 때 행해지는 소통 교육은 매우 중요하며, 그 시기에 만나는 나무 또한 중요하다. 내가 유독 초등학교에 주목하는 것은 이 시기에 만난 나무가 평생을 좌우할 수 있다고 믿기 때문이다.

한국의 초등학교에 있는 나무 중에서도 버즘나뭇과의 양버즘나무와 소나뭇과의 히말라야시다는 한국인의 정신세계에 큰 영향을 미치고 있다. 특히 1970년대까지 두 나무의 영향력은 절대적이었다. 지금도 초등학교에 살고 있는 나무 대부분이 양버즘나무와 히말라야시다다. 일제강점기 및 해방 이후 설립된 대부분의 학교에서 위의 두 종류가 아닌 나무는 찾아보기 힘들고, 지금도 대부분 초등학교 나무 중 두 종류 나무의 나이가 가장 많다.

한국에서 가장 키가 큰 양버즘나무는 어디에 있을까? 모든 학교의 나무를 조사해보지는 않아 정확하게 말할 수 없지만 아마도 경상북도 영

임고초등학교의 양버즘나무.

천시 임고초등학교의 양버즘나무일지도 모른다. 이곳의 양버즘나무 중 가장 키가 큰 것은 40미터다. 우리나라에서 가장 키가 큰 나무가 경기도 양평 용문사의 47미터짜리 은행나무라는 것을 감안하면, 40미터는 결코 주변에서 쉽게 볼 수 없는 높이다. 이곳에는 40미터짜리를 제외하고도 35미터씩 자란 양버즘나무 5그루가 운동장에 살고 있다. 좀더 과장해서 말하면 임고초등학교 운동장의 양버즘나무는 한여름에 운동장 전체를 그늘로 만들어버릴 정도다.

임고초등학교 운동장의 양버즘나무는 이곳 초등학교에 재학 중이거나 졸업한 사람들의 정신세계에 엄청난 영향을 주었다. 나와 같은 직장에 계시는 분이 바로 이곳 초등학교를 졸업했고, 그분은 모교의 양버즘나무에 대해 대단한 자부심을 갖고 있다. 임고초등학교의 양버즘나무가 이곳 학생들에게 어떤 영향을 주는지 궁금하다면 꼭 한번 방문해보기 바란다. 운동장에 들어서는 순간 마주하는 양버즘나무의 위용에 한동안 꼼짝할 수 없을지도 모른다.

양버즘나무는 흔히 플라타너스라고 불린다. '플라타너스'는 김현승의 시 덕분에 많은 사람이 알고 있지만 양버즘나무라는 이름은 낯설게 느껴질 것이다. 플라타너스는 '잎이 넓다'는 학명의 이름이고, 양버즘나무는 서양에서 들어온 버즘나무라는 뜻이다. 우리말 버즘나무는 나무의 껍질이 얼굴에 피는 버짐을 닮아서 붙은 이름이다. 임고초등학교 운동장의 양버즘나무의 껍질에도 버짐 문양이 아주 선명하다. 양버즘나무의 껍질은 매끈한 편이다. 북한에서는 이 나무를 방울나무라 부른다. 열매가 어린아이 머리를 묶는 방울을 닮아서 붙은 이름인데, 버즘나무에 비해 양버즘나무는 열리는 열매의 수가 적다.

　가로수 중에서도 많은 개체 수를 자랑하는 양버즘나무는 땅을 정화시키는 능력이 탁월해 '정토수淨土樹'라 부른다. 임고초등학교 운동장의 양버즘나무가 보기 드물 정도로 크게 자랄 수 있었던 것은 아마 마음껏 자랄 수 있는 공간에서 땅과 하늘의 기운을 풍부하게 누렸기 때문일 것이다. 이에 비해 현재 우리의 삶은 그렇지 못하다. 우리의 삶이 팍팍한 이유는 양버즘나무처럼 땅과 하늘의 기운을 마음껏 누리지 못하기 때문이 아닐까.

　하늘과 땅을 알아야 인생을 제대로 알고 행복하게 살아갈 수 있다. 종종 어른들은 '천지도 모르는 놈'이라며 나무라는 말을 할 때가 있다. 나는 참 둔한 사람이라 40살까지도 그 뜻을 모르다가 나무를 만나고서야 알아차렸다. 늦게라도 깨달아 겨우 어른 노릇할 자격이 생긴 듯해서 다행이다. 내가 나무를 통해 천지를 알 수 있었던 것은 나무야말로 천지, 즉 하늘과 땅을 잘 아는 자이기 때문이다.

　천지를 알아야 하는 이유는 천지의 운행이 삶을 결정하기 때문이다. 이 땅의 모든 생명체는 하늘과 땅의 기운을 받아야지만 정상적으로 살아갈 수 있다. 사람도 예외가 아니다. 그러나 대부분 사람의 하루에는 하늘과 땅을 보는 시간이 거의 없다. 도시와 농촌을 불문하고 전국의 도로는 거의 포장이고, 농사를 제외하면 대부분의 생활은 실내에서 이루어지기 때문에 하늘을 볼 기회가 없는 것이다. 설령 밖에서 생활하는 사람이라도 하늘을 보는 경우는 드물다. 이보다 더 심각한 것은 성장하는 어린이들이 하늘의 기운을 받지 못하고 있다는 점이다.

나무
철학

유치원이나 초등학교의 경우 학교 운동장마저 흙 대신 우레탄으로 교체하고 있는 실정이다. 나는 이것이 바로 학교교육의 위기를 보여주는 단면이라 생각한다. 어린 시절 땅의 기운을 밟지 못하고 자라게 되면 어른이 되더라도 심각한 문제를 안고 살아가게 될지도 모른다. 하늘과 땅의 기운을 받지 못하면 인간은 그들과의 소통이 불가능해진다.

소통과 관련해서 꼭 짚고 넘어가야 할 것이 있는데 바로 어둠과의 소통이다. 요즘 사람들은 빛과의 소통만 즐길 뿐 어둠과 소통하는 기회가 거의 없다. 특히 야간 생활에 익숙한 우리는 밝은 간판과 네온사인에 둘러싸인 탓에 어둠을 직접 마주하기 어렵다. 도시는 말할 것도 없고 농촌조차도 가로등 때문에 어둠과 소통할 시간이 점차 줄고 있다. 옛날 고향에서는 밤이면 깜깜해져 어둠과 소통할 시간이 많았지만, 지금은 화려하게 빛나는 불빛 때문에 쉽지 않다. 어둠과의 소통은 곧 우주와의 소통이다. 우리는 어둠 속에서만 별을 볼 수 있다. 이제 도시는 물론 농촌에서도 쏟아지는 별을 보기 어렵다. 어둠이 있어야 빛도 있는 법이다. 어둠과 소통하지 못하면 결국 빛과도 소통할 수 없다. 소통은 어둠과 빛, 음과 양의 원활한 순환 속에서만 진정으로 가능하기 때문이다.

나무는 땅에 뿌리를 박고, 하늘을 향해 자라기 때문에 매일같이 천지를 알며 살아간다. 나무는 천지의 기운을 잘 받아야 자신의 능력을 최대한 발휘할 수 있다. 나는 사람들이 나무를 좋아하는 이유는 나무가 천지를 알고 살아가기 때문이라 생각한다. 하늘과 땅을 아는 사람이야말로 다른 존재에게 칭찬과 존경을 받을 수 있다. 사람이 나무를 닮아야 하는 이유에 대해서 중국 춘추시대의 노자가 한 말이 있다. 노자는 "사람은 땅을 본받고, 땅은 하늘을 본받고, 하늘은 도를 본받고, 도는 자연을 본받는다"라고 했다. 결국 인간은 자연을 본받고 살아야 하는 존재다. 자연을 본받아야만 인간답게 살아갈 수 있다.

요즘 걷는 사람들이 부쩍 늘어난 것은 참 다행인 일이다. 하지만 도시에는 밟을 땅이 거의 없기 때문에 흙이 있는 땅을 걸을 기회는 매우 드물다. 정부에서는 엄청난 예산을 투자해 자전거 길을 만들고 있지만, 자전거 도로는 흙이 아닌 시멘트나 우레탄으로 만든 길이다. 시민들을 위한 자전거 도로 정비는 필요한 일이지만, 더욱 중요한 것은 사람들이 밟을 흙길이다. 인간이 흙을 잃어버리면 결국 살아남을 수 없다. 흙이 숨을 쉬지 못하면 인간도 숨을 쉴 수 없다.

소통은 겨울의 갈잎나무처럼 자신을 온전히 비워야 원활하게 이루어질 수 있다. 갈잎나무는 스스로 소통하는 존재다. 진정한 소통은 자신의 소리를 들을 수 있는 사람에게만 가능하고 이를 위해서는 스스로를 비워야만 한다. 그릇이 그릇인 이유는 안을 비워야 담을 수 있기 때문이다. 큰 그릇일수록 더욱 그러해야 한다. 인간이 지구에서 살아갈 수 있는 것도 텅 빈 우주 때문인 것처럼 말이다. 에밀레종이 크게 울리는 것도 마찬가지다. 비우지 않으면 다른 사람의 이야기를 받아들일 공간이 없다. 그런데 단지 비운다고 해서 소통이 자연스럽게 이루어지는 것은 아니다. 소통에는 진정한 대화가 필요하다. 진정한 대화는 상대방의 말을 듣는 데서 출발한다. 그래서 대화에는 '듣기'가 중요하다. 인간은 태어나서 말을 하기 전에 듣는 것을 먼저 배웠다. 그러나 지금 우리 사회는 세대 간, 계층 간, 지역 간에 상대방의 말을 듣기보다 자신이 하는 말에 열중하며, 상대방이

나무
철학

자신의 말을 수용하길 강요한다.

'듣기'는 지도자의 주요한 덕목이지만, 우리 주변의 지도자 대부분은 상대방의 이야기를 듣는 데 익숙하지 않다. 그래서인지 지도자들이 사회 각 분야의 갈등을 해소하는 데 큰 역할을 하지 못하고 있다. 물론 상대방의 이야기를 듣기만 한다고 해서 소통이 원활하게 이루어지는 것은 아니다. 듣는 것도 정도가 있기 때문이다. 상대방의 이야기를 아무리 열심히 들어도 자신의 입장만 생각한다면 소통은 어려워질 수밖에 없다. 간혹 지도자 중에는 상대방의 말을 열심히 듣기만 할 뿐 개선하지 않는 사람이 많다. 이는 그저 듣는 척하는 태도 때문이다. 듣기에서 필요한 것은 '경청敬聽'이다. 경청은 상대의 말을 공경하면서 듣는 것이다. 경청을 위해서는 상대를 진정으로 인정하는 자세가 필요하다. 상대를 동등한 존재로 생각지 않고 깔보거나 낮게 본다면 경청은 성립하지 않는다.

나무가 위대한 이유는 하늘의 기운과 땅의 기운을 진정으로 경청하기 때문이다. 그러므로 나무는 우주와 소통할 수 있다. 그렇지 않으면 나무는 결코 우주의 기운을 받을 수도, 곧게 살아갈 수도 없다. 우리 사회 안에 존재하는 갈등이 해결되기 어려운 이유는 대화 자체가 없어서가 아니라 경청의 자세를 갖춘 대화가 없기 때문이다. 상대와의 대화는 전보다 늘어났지만 상대방의 말을 경청하는 자세는 오히려 전 세대보다 후퇴하고 있다. 자주 만나서 대화하는 것만큼이나 한 번을 만나도 경청하는 자세로 임하는 대화는 소통을 원활하게 한다. 상대방과 얼굴을 마주하고 상대방의 표정을 읽으면서 잔잔하게 이야기할 때 진정한 경청이 가능하다. 그러나 현대인은 상대방과 마주하는 시간이 턱없이 부족할뿐더러, 마주하면서

나무
철학

도 마주하지 않는 시간을 보내고 있다. 상대방의 이야기를 경청하는 시간이 많아질수록 자신의 소리를 들을 수 있는 기회도 늘어날 것이다.

제18장

아름다운 관계의
조건

연리지連理枝의 철학

인간은 관계 속에서 존재한다. 모든 생명체는 관계를 맺어야만 살아남을 수 있다. 불교에서는 관계를 인연因緣으로 설명한다. 인은 직접적인 관계, 연은 간접적인 관계다. 그래서 모든 생명체는 서로 직간접적 관계를 통해 생명을 유지한다. 모든 생명체는 이러한 관계 속에서 살아갈 수밖에 없지만, 모든 관계가 반드시 행복하거나 아름다운 것만은 아니다. 인간은 매일 직장·친구·가족과 같은 많은 사람과의 관계 속에서 살아가지만 모든 관계가 아름답다고는 볼 수 없다.

세상에서 가장 아름다운 관계는 어떤 관계일까. 나는 '서로' 같은 곳을 바라보는 것이라 생각한다. 서로 같은 곳을 바라보면서 살아가는 사람이 얼마나 될까. 누구나 그런 사람과 만나서 살아가길 바라지만, 생각처럼 쉽지 않다. 사람은 각자 생각과 행동, 추구하는 가치와 이상이 다르다. 그렇기 때문에 서로 같은 곳을 바라보는 것 같아도 완전하게 일치하는 것은 애초부터 불가능하다. 우리는 꿈을 향해 노력해야 한다는 점에서 같은 쪽을 지향한다. 이때 주의해야 할 것은 같은 곳을 바라보지 못하는 사람을 대하는 일이다. 세상에는 같은 목표를 함께 바라보지 못하는 사람이 종종 있다. 바로 '지록위마指鹿爲馬' 하는 사람들이다. 중국 진나라 시대에 진시황제가 죽고 난 뒤 환관인 조고趙高는 모반을 일으키려 했지만, 신하들이 따라주지 않을까 두려웠다. 그는 그들을 시험하기 위해 사슴을 2세 황제인 호해胡亥에게 바치면서 다음과 같이 말했다. "이것은 말입니다." 이에 호해가 웃으면서 "승상이 잘못 본 것이오. 사슴을 일러 말이라 하오?"라고 했다. 말을 마친 호해가 좌우 신하들을 둘러보니 잠자코 있는 사람보다 "그렇다"고 긍정하는 사람이 많았으며, "아니다"라고 부정하는 사람도 있었다. 조고는 부정하는 사람들을 기억해두었다가 나중에 죄를 씌워 죽였다. 이후 궁중에는 조고의 말에 반대하는 사람이 없었다.

지록위마라는 말은 윗사람을 농락하여 권세를 자기 마음대로 휘두르는 경우를 비유할 때 사용한다. 가끔 주변에 달을 가리킬 때 달은 보지 않고 손가락을 보는 사람들이 있다. 세상에는 끝까지 뜻을 같이하는 사람을 찾기가 쉽지 않다. 그러니 서로 같은 곳을 바라보면서 살아간다는 것은 어렵지만 그만큼 가치 있는 일이 아닐 수 없다. 다행히 요즘은 같은 곳을 바라보며 살고자 하는 사람들이 늘어나고 있다. 시민들은 크고 작은 모임을 통해 같은 곳을 향하고, 내가 아는 사람들만 해도 독서 모임 같은 걸 만들어 정기적으로 모임을 갖고, 여행도 간다. 간혹 그들을 대상으로 특강을 진행할 때면, 얼굴에 환한 웃음이 떠나지 않는다. 그러나 그런 단

나무
철학

체 중에는 '당黨'을 짓는 사람들도 있다. 당을 짓는 사람들의 특징은 한목소리를 강요하면서 특정 이익을 추구한다는 것이다. 그런 단체 속에서 활동하다 보면 얼마 지나지 않아 불행이 찾아온다. 같은 곳을 바라보는 단체이긴 하지만, 진정한 즐거움을 얻지 못하기 때문이다.

아무리 뜻을 같이하더라도 사악한 마음으로 한다면 같은 곳을 바라보지 않는 것만 못하다. 사악한 마음으로 같은 곳을 바라보는 사람은 도둑이거나 사기꾼이다. 나는 공자의 "군자는 화和하며 동同하지 않고, 소인은 동하고 화하지 않는다"는 구절을 무척 좋아한다. 화는 맹목적으로 부화하지 않고 이견을 적절하게 조화한다는 것을 의미한다. 반면 동은 맹목적으로 남의 의견에 부화뇌동하는 것이다. 군자는 의리를 중시하고, 소인은 이익을 숭상한다. 간혹 소인들도 의리를 강조할 때가 있는데 군자의 의리는 이와는 다르게 사악한 마음이 없는 상태의 것을 말한다.

부부나 친구 사이에도 같은 곳을 바라보는 것 같다가도 늘 이견이 생긴다. 이때 서로 이견을 존중하면서 같은 곳을 함께 바라볼 때 좋은 관계를 유지할 수 있다. 어느 한쪽에서 일방적으로 방향을 설정해서 따라오게 하는 것은 결코 좋은 관계가 아니다. 나무와 함께할 때도 마찬가지다. 나는 아내와 함께 같은 곳을 바라보면서 살아가려고 무척 노력하지만, 간혹 생각이 다를 때가 있다. 당장 내 생각을 따라주면 좋겠지만 강요하지 않는다. 강요하는 순간 상대방의 마음이 상할 것을 잘 알기 때문이다. 식물을 만날 때도 서로 바라보는 관점이 다르다. 나는 주로 나무를 보지만, 아내는 풀을 본다. 그렇기에 아내는 나보다 풀에 대한 정보가 많다. 이처럼 서로 같은 곳을 바라보면서도 각자의 장점을 발휘할 수 있으면 서로에게 도움을 줄 수 있다.

서로 같은 곳을 바라보려면 무엇보다 가치를 함께 공유해야 한다. 가치를 공유하려면 서로의 마음을 잘 읽어야 한다. 서로의 입장을 잘 이해한 역사적 사례 중에는 '관포지교管鮑之交'를 빼놓을 수 없다. 중국의 춘추시대 관중과 포숙아는 젊었을 때부터 친구였다. 둘은 장사를 하면서 포숙아는 자금을 대고 관중은 경영을 담당했다. 이익을 나눌 때 관중은 언제나 훨씬 많은 액수를 자기 몫으로 가져갔지만, 포숙아는 한 번도 관중이 많이 가져간다고 비난하지 않았다. 제나라 임금 소백小白은 형과 왕위를 다툴 때 형의 부하인 관중이 쏜 화살에 맞아 죽을 뻔한 적이 있었다. 그래서 그 이후로 계속 관중의 목을 칠 기회를 잡고자 벼르고 있었다. 관중을 아끼던 포숙아는 소백을 설득해서 관중의 죄를 용서하고 그를 스승으로 맞아들여 재상에 임명토록 했다. 포숙아는 자신의 재상 자리까지 관중에게 넘겨줬던 것이다. 이에 관중은 "나를 낳은 것은 부모지만 나를 아는 것은 오직 포숙아다"라고 했다. 그 후 관중은 포숙아의 기대를 저버리지 않고 제나라를 강대국으로 만들었다.

집안 형편이 좋았던 포숙아는 가난한 관중의 능력을 믿고 끝까지 신뢰했다. 관중도 포숙아의 뜻을 저버리지 않았다. 나는 두 사람의 우정을 통해 마음으로 서로 같은 곳을 바라보는 것이 인생에서 얼마나 소중한지를 다시 한번 깨닫는다. 누구나 관중과 포숙아 같은 관계를 꿈꿀 것이다. 장자는 관중과 포숙아처럼 서로 이익을 다투지 않는 사람을 지인至人이라 불렀다. 나이를 먹으면서 좋은 관계를 유지하기는 점점 어려워진다. 나이를 먹으면 아는 사람이 늘어나서 계속 좋은 관계를 유지하는 사람도 늘어

나무
철학

갈 것 같지만, 오히려 줄어든다. 그 이유는 결국 평생 뜻을 같이하는 사람들이 적기 때문이다. 젊은 시절에는 뜻을 같이하기보다는 만남 자체가 좋아 많은 사람과 어울리지만, 나이를 먹으면서는 만남보다는 가치를 추구하는 것이 행복하다는 것을 느끼게 된다.

나도 학창 시절에는 많은 사람을 만났지만, 지금은 그렇지 않다. 주로 나무와 함께하는 사람들과 만나는 것도 그들과 만날 때 얘기를 나눌 수 있기 때문이다. 간혹 초등학교나 중학교 동창회에 나가면 동창들과의 만남은 즐겁지만 점차 시간이 지나면 나눌 얘기가 없어진다. 그래서 나는 그런 모임에 자주 나가지 않는다. 친구들은 모임에 나오지 않는다며 욕하지만, 나는 그조차 관심이 없다. 심지어 대학원 시절에 함께 공부한 사람들끼리도 잘 만나지 않는다. 서로 학문한다는 공통점 외에는 학문하는 방법과 학문의 목적이 각각 다르기 때문이다. 그래서 대학원 시절 그렇게 자주 만나서 얘기하던 분들과도 거의 만남이 없다. 혹 만나더라도 학문적인 이야기보다 일상에 대한 이야기가 전부고, 그런 이야기는 잠시면 족하다.

모든 나무는 같은 하늘을 바라본다. 때로는 하늘을 차지하려고 격렬하게 다툰다. 나무가 하늘을 다투는 것은 곧 햇볕 싸움이지만, 죽기 살기로 싸우는 것은 아니다. 나무들도 죽기 살기로 다투다간 서로가 함께 죽는다는 것을 잘 알기 때문이다. 산에 살고 있는 나무를 유심히 보면 굽은 나무를 자주 볼 수 있다. 햇볕 경쟁에서 밀린 나무들은 틈을 이용해서 햇볕을 얻어야 한다. 그러기 위해서는 몸을 비틀어서 위로 올라가야만 한다. 이는 경쟁 속에서도 같이 살아갈 수 있다는 지혜를 보여준다.

나무 연리지連理枝는 가슴 아프면서도 가장 아름다운 관계를 맺고 있는 존재인지도 모른다. 나무의 가지가 서로 붙어서 살아가는 연리지는 자신들이 원한 것은 아니지만 부득이한 조건 때문에 한평생 붙어 살아갈 수밖에 없다. 자신들이 원하지 않은 것은 가슴 아픈 일이지만, 조건을 맞추면서 함께 살아가는 모습은 아름답다. 나무 중에는 이처럼 가지가 서로 붙은 것도 있고 줄기가 붙은 것도 있다. 줄기가 붙은 경우에도 보통 연리지라 부르지만, 정확하게 표현하면 '연리간連理幹'이다. 연리지 중에는 같은 종류의 나무도 있지만, 서로 다른 종류의 나무도 있다. 나는 서로 다른 나무끼리 몸을 섞고 살아가는 경우를 종종 봤다. 내가 사는 곳에서 머지않은 도동 측백수림(천연기념물 제1호) 앞에는 느티나무와 회화나무가 한 몸을 이루면서 살아가고 있다. 먼 곳에서 보면 한 나무처럼 보이지만 가까이서 보면 두 나무는 뿌리가 붙고, 가지도 일부 붙어 있다. 두 나무의 뿌리가 밖으로 나와 있기 때문에 무척 가슴이 아프지만, 두 나무가 한 몸을 이루면서 큰 바람에도 쓰러지지 않고 견디고 있다. 만약 한 나무만 살았다면 벌써 죽었을지도 모를 일이다.

연리지는 몸을 섞고 살아가면서도 서로 간섭하지 않는다. 서로 간섭한다면 함께 살아갈 수 없을 것이다. 콩과의 회화나무와 느릅나뭇과의 느티나무는 우리 주변에서 흔히 만날 수 있는 나무지만, 서로 얽혀 한 몸으로 살아가는 모습을 보기란 쉽지 않다. 이들이 언제 부부의 연을 맺었는지 알 수 없지만, 아주 오랜 기간 동안 서로 다른 환경에서 자란 느티나무와 회화나무가 만난 것은 사랑이다. 그래서 연리지를 '사랑의 나무'라 부르고, 부부에 비유한다. 서로 다른 존재가 하나가 되어 부부로 살아간다는 것은 무척 아름답지만, 아름다움을 지키는 일은 결코 쉽지 않다.

나무
철학

느티나무와 회화나무 연리지.

도동의 느티나무 가지는 회화나무 가지에 기대면서도 자신의 길을 걷는다. 회화나무 역시 느티나무의 가지에 기대면서도 자신의 길을 걷는다. 그러나 두 나무는 어떤 경우에도 서로를 짐이라 생각하지 않는 듯하다. 만약 서로가 서로를 짐이라 생각한다면 좋은 관계가 될 수 없다. 좋은 관계는 서로에게 짐이 되어서도 안 되고, 짐이라 여겨서도 안 된다. 그렇게 생각하는 순간 좋은 관계는 금이 간다. 좋은 관계의 비밀은 관계를 의미하는 한자에 숨어 있다. '관'은 '문짝을 맞추어 달다'는 뜻이다. 한자의 문門은 좌우의 문짝이 있는 모양을 본뜬 글자다. 문이 제 구실을 하려면 좌우의 문이 항상 자유롭게 열리고 닫혀야 하지만, 어느 한쪽만 앞서면 아귀가 맞지 않는다. 문의 아귀가 맞으려면 반드시 틈이 필요하다. 틈이 없으면 문을 닫을 수도 열 수도 없기 때문이다. 문은 서로 마주하면서도 일정한 틈을 가질 때 아름답다.

사람의 관계에서도 틈이 매우 중요하다. 그래서 사람人을 틈을 의미하는 '간間'과 합쳐서 인간人間이라 부른다. 이는 사람이 틈이 있을 때 아름다운 관계를 맺는다는 뜻이다. 그러나 부부든 친구든 틈을 주지 않는 경우가 적지 않다. 틈이 없으면 빡빡해서 오래갈 수 없다. 틈을 의미하는 '간'은 한閒과 같은 의미다. 한은 문틈 사이로 달빛이 들어오는 모양이다. 사람과 사람 사이에도 달빛이 들어올 만큼의 틈이 있어야 아름답다. 아무리 같은 곳을 바라본다 하더라도 틈이 없으면 금방 싫증이 나게 된다.

틈은 여유를 말한다. 관계 속에서 틈을 강조하는 것은 여유가 있어야만 상대를 바라볼 수 있기 때문이다. 틈 없는 관계는 진정한 의미의 관계가 아니라 억지이거나 집착이다. 집착은 결코 사랑이 아니다. 집착은 상

나무
철학

대의 존재를 인정하지 않고 자기 식으로 만들어버리는 것이다. 나무가 서로 가지나 줄기를 맞닿고 있더라도 계속 별 탈 없이 살아갈 수 있는 것은 서로에게 집착하지 않기 때문이다. 집착은 불행의 원천이다. 집착은 상대방의 에너지를 갉아먹는다. 각각의 특성을 갖고 있는 모든 생명체는 어떤 경우에도 다른 존재와 같을 수 없다. 그러나 집착하는 사람은 상대방도 자신과 똑같기를 기대한다. 애초부터 불가능한 것을 가능하다고 믿기 때문에 그런 기대가 클수록 불행도 비례해 커질 뿐이다.

제19장

봄을
즐기는
법

매화의 철학

생명체는 계절의 영향을 강하게 받으면서 살아간다. 생명체는 각자 살기에 적합한 계절이 있고, 이때 무엇보다도 적당한 온도가 중요하다. 식물은 계절에 따라 꽃을 피우고 열매를 맺으며 잎을 떨어뜨린다. 모든 생명체에게 계절이 중요하듯 인간도 지금껏 계절의 변화를 살피기 위해 무척 많은 노력을 기울였다. 시대에 따라 계절의 변화에 대응하는 방식은 달랐다. 농업사회에는 농사를 잘 짓기 위해, 산업사회에는 생산과 판매를 원활하게 하기 위해서 계절에 주목했다. 요즘 일기예보 시간이 길어진 것 역시 계절의 변화가 점점 인간의 삶에서 중요한 역할을 하기 때문이다. 특히 농업 중심 시대에 만들어진 이른바 절기節氣는 지금도 우리 생활에 영향을 주고 있다.

현재 우리가 사용하는 절기는 중국 고대에 만들어진 것으로, 지금도

제2부
단순하고 절박한

227

절기를 통해 계절의 변화를 읽는다. 중국인들은 한 달에 두 번, 곧 15일마다 절기를 설정해 24절기로 구분했다. 15일 간격으로 계절의 변화를 읽은 것을 '기氣'라고 한다. 사계절 중 봄은 3~5월이다. 봄을 알리는 절기인 입춘立春은 보통 음력설 전후에 해당된다. 입춘 다음에 오는 절기는 우수인데, 그렇다고 입춘과 우수 사이에 변화가 전혀 없는 것은 아니었다. 그래서 중국인들은 15일 내에서 다시 5일 간격으로 변화를 읽었고, 그 변화를 '후候'라 불렀다. 후는 24절기마다 3번씩이니까 총 72후가 된다. 이렇듯 24절기와 72후를 합쳐서 '기후'라 부른다.

사계절은 1년을 네 번으로 나눠서 변화를 읽은 것인데 사람보다 계절의 변화에 민감한 식물을 통해 그 변화를 정확하게 읽을 수 있다. 식물 생태계의 변화는 온난화의 실상을 짐작할 수 있게 한다. 예컨대 제주도처럼 따뜻한 곳에서 자라는 식물이 경상북도에서도 살 수 있다면 그만큼 온난화가 진행되었다는 말이다. 봄을 읽을 수 있는 방법 가운데 하나도 식물의 움직임을 살피는 것이다. 방송에서도 봄을 알릴 때 종종 식물을 언급하곤 한다.

봄을 의미하는 한자 '춘春'은 풀이 햇볕을 받아 무리 지어 돋는 모습이다. 봄에는 풀만이 아니라 나무도 꽃이든 잎이든 새로이 피운다. 나는 이런 모습을 무척 사랑한다. 나무는 봄을 맞이하기 위해서, 꽃과 잎을 만들기 위해서 혹독한 겨울의 추위를 이겨내야 한다. 따라서 봄의 모습은 겨울 속에 있다. 입춘이 겨울 2월인 것도 겨울 속에 봄기운이 서려 있음을 의미한다. 갈잎나무는 겨울 내내 죽은 듯 서 있지만, 결코 그냥 있는 것이 아니다. 나무는 한순간도 그냥 있는 법이 없다.

입춘이 되면 나무는 벌써 봄을 준비한다. 우리에게 봄을 가장 먼저 알리는 것은 매화다. 지역에 따라 다르지만 1월 말경에는 매화의 꽃망울을 볼 수 있다. 나는 매화꽃이 활짝 피었을 때만큼이나 꽃망울이 맺혔을 때를 즐긴다. 그러나 제주도, 전라남도 광양을 비롯한 남쪽에서 매화소식을 전할 때는 꽃이 이미 활짝 피었을 즈음이고, 방송에서도 각 지역에 매화가 만개하는 시기를 알려줄 뿐이다. 사람들은 매화를 보기 위해 바삐 움직이지만, 유명한 매화 고장에는 꽃보다 사람이 더 많다. 그러니 매화를 관찰할 틈도 없이 사람과 차에 밀려 집으로 돌아와야 한다. 요즘 지역마다 문화관광 수입을 충당하기 위해 각종 축제를 마련한다. 매화 축제도 곳곳에서 벌어지지만 봄을 즐기는 방법으로는 바람직하지 않다.

봄을 즐긴다는 것은 곧 생명의 근원을 본다는 말이다. 매화가 꽃을 피우는 것은 인간을 위한 것이 아니라 자신의 후손을 남기기 위한 과정일 뿐이며, 추운 겨울에도 꽃을 피우는 것은 인고의 시간을 보냈기 때문이다. 만약 인고의 시간이 없었다면 그토록 아름다운 꽃을 피울 수 없을 것이다. 사람들은 매화의 향기에 취하는 데 급급할 뿐 매화가 어떤 과정을 겪으면서 꽃을 피우는지에 대해서는 큰 관심이 없다. 조선의 유학자들이 매화를 그토록 사랑한 것도 단순히 매화꽃이 아름답기 때문이 아니라 매화의 삶에서 자신의 삶을 배우기 위해서였다. 그래서 그들은 매화를 '군자'에 비유했다. 매화를 인격화해서 군자로 삼은 것은 매화의 삶을 닮고 싶다는 인간의 강한 욕구의 발로다.

매화를 비롯한 장미과 나무들은 꽃잎이 다섯 장이다. 나무의 꽃을 보면서 꽃의 모양을 자세하게 살피는 것도 봄을 즐기는 방법 중 하나다.

매화는 피는 시기에 따라 이름이 다르고 색도 한결같지 않지만, 잎을 보는 순간 마음이 맑아진다. 매화꽃은 꽃자루가 짧아서 가지에 아기처럼 붙어 있다. 꽃잎 뒤를 보면 꽃잎마다 받침이 있다. 꽃이 쉽게 떨어지지 않도록 만든 장치인 꽃받침은 사람들 눈에는 잘 띄지 않는다. 나는 꽃잎이 떨어진 뒤 꽃받침만 남은 모습을 좋아한다. 붉은빛을 띠는 꽃받침은 꽃잎만큼이나 아름답다. 더욱이 꽃잎이 그토록 아름다울 수 있는 것도 받침이 있기 때문이다. 그렇지 않으면 바람에 쉽게 떨어져 열매를 맺을 수 없다. 매화꽃처럼 아름다워 보이는 겉모습에도 보이지 않는 곳에 누군가의 희생이 있다. 묵묵히 꽃을 받쳐주는 꽃받침처럼 보이지 않는 곳에서 노력하는 자들의 모습을 볼 수 있을 때 봄은 더욱 찬란하게 빛난다. 봄이 찬란한 이유는 매화가 화려하게 피었기 때문이 아니라 매화가 아름답게 피어나는 모습을 볼 수 있는 마음이 빛나기 때문이다.

나는 매화 축제에 가는 것을 즐기기보다는 나이 많은 매화를 찾아가는 일을 즐긴다. 매화는 꽃을 강조한 이름이지만, 꽃을 더욱 돋보이게 하는 것은 가지와 줄기다. 사람들은 대부분 매화의 꽃을 보는 데 정신이 팔려 줄기와 가지는 잘 보지 않는다. 매화꽃은 지난해 가지의 잎겨드랑이에 1~3개씩 달린다. 줄기는 회색이면서 껍질은 불규칙하게 갈라져 있다. 특히 나이가 많은 나무일수록 색깔이 짙다. 회색의 줄기는 하얗게 핀 매화꽃을 한층 빛나게 한다. 나이 먹은 매화에서 피어나는 꽃은 기품이 뛰어나다. 흔히 나이 많은 매화를 고매古梅라 부르는데 매화는 오래 살지 못하는지라 고매를 찾기란 쉽지 않다. 고매는 선비들이 곁에 두고 즐겼다고 전해진다. 고목에서 피어나는 매화꽃이야말로 꼿꼿한 절개로 살아가는 선

비를 상징하기 때문이다.

한국에서 가장 나이 많은 매화는 지리산 자락에 살고 있는 정당매政堂梅다. 그런데 이곳의 매화에 큰 기대를 하고 찾아가는 사람들은 실망감을 감추지 못한다. 불원천리를 마다하지 않고 찾아간 정당매는 사실 나이가 많은 아주 볼품없는 나무이기 때문이다. 그러나 나는 이곳의 매화를 무척 사랑한다. 정당매가 단순히 우리나라에서 가장 나이가 많은 600살 된 매화라서가 아니라, 이 나무를 만나면 600년 동안 살아남은 매화의 정신을 본받을 수 있기 때문이다. 특히 정당매에서는 삶과 죽음을 동시에 볼 수 있다. 사람이든 식물이든 삶이 있으면 죽음도 있다. 정당매는 나이 들어 몸이 썩어 허리가 꼬불꼬불한 할머니를 닮았다. 그러나 그 몸에서 새 가지들이 돋아나고 있다. 나는 썩은 정당매에 새롭게 돋는 가지에서 희망을 본다. 나무는 죽은 자리에서 새로운 생명을 만든다. 인간 역시 죽으면서 새로운 생명을 만들 수 있어야 위대하다고 할 수 있다. 죽으면서 아무것도 남기지 못한다면 제대로 살았다고 할 수 없다. 정당매처럼 늘 깨어 있는 자만이 자신의 몸에서 새로운 생명을 만들어낼 수 있다.

봄은 소생하는 계절이다. 묵은 것을 떨쳐버리고 새것을 만들어내는 계절이다. 돌아오는 봄은 중심을 잡지 못하고 방황하던 자신을 돌아오게 한다. 그래서 누가 언 땅을 깨워주기보다는 스스로 깨어나야 새롭다. 그런데 꽃만 본다고 봄을 즐기는 것은 결코 아니다. 꽃보다 잎이 먼저 돋는 나무도 많기 때문이다. 특히 꽃이 먼저 피는 매화 같은 나무의 잎을 보지 않는 사람은 진정 봄을 즐길 줄 모르는 사람이다. 잎이 없다면 열매도 만들수 없다.

요즘 많은 사람이 건강에 좋다는 이유로 매화의 열매를 선호하면서도 열매가 잎의 도움을 받고 있다는 것은 의식하지 못한다. 매화꽃은 겨울 동안 간직한 에너지로 피어나지만, 꽃이 핀 후 맺는 열매는 잎이 햇볕을 먹어야만 성숙할 수 있다. 사람들은 매화 열매를 강조하면서 매실나무라고 부르면서도, 잎에는 언제나 관심 밖이다. 매화의 잎은 어긋나면서 달걀형이다. 이러한 모양의 잎은 매실이 완전히 햇볕에 노출되지 않도록 감싼다. 매화의 잎은 끝부분이 길고 뾰족해 마치 꼬리를 닮았다. 잎 양면에는 잔털도 있다. 나는 매화 잎과 살구나무의 잎을 비교해본다. 살구나무의 잎은 매화 잎보다 둥글면서 넓은 게 특징이다. 살구나무 꽃은 매화보다 늦게 피지만 매화꽃과 상당히 닮아 구분이 어려운데, 잎으로 비교하면 구분하기 쉽고 편리하다.

내가 매화를 보기 위해 떠나는 장소 중 하나는 도산서당이다. 도산서원 내 도산서당에는 퇴계 선생께서 직접 심은 매화 밭이 있다. 퇴계는 조선시대 선비 중에서도 매화를 유독 사랑한 분이다. 『매화시첩』은 선생이 매화를 얼마나 사랑했는지를 잘 보여준다. 선생의 유언 가운데 하나인 "분매에 물을 주어라"가 매화와 관련된 퇴계의 말 중에 가장 유명하지만, 그보다 매화를 꺾어 향기를 맡았다는 시는 나의 가슴을 아련하게 한다. 선생이 매화를 사랑하면서도 꺾기까지 했으니 마음이 아픈 것이다. 더욱이 선생을 비롯한 선비들의 매화시는 대부분 매화의 일반적인 느낌에 대한 것이지 구체적인 특성을 언급한 내용은 거의 없다. 어쩌면 요즘 사람들이 매화를 보는 것과 크게 다르지 않을 수도 있다는 생각이다. 차이점이 있다면 매화를 통해 삶의 방향을 설정하고, 그런 생각을 시로 남겼다는

나무
철학

매실.

점이다. 퇴계 선생은 도산서당을 완공한 60세의 나이에 다음과 같이 시 「매화」를 지었다.

> 개울가에 아름답게 두 가지 서 있는데
> 앞 숲에 향기 나고 다리에는 꽃빛이 비추네
> 서리 바람 일으켜 쉽게 얼 것은 걱정하지 않으나
> 다만 따스함을 맞아 옥빛이 사라질까 걱정하네

봄은 생명이 돋는 계절이지만, 생명을 돋게 하는 것은 물이다. 그래서 봄은 물소리와 함께 시작된다. 얼음 밑에서 물소리가 들리듯, 나무는 봄을 맞이하기 위해 1년 동안 몸속에 물을 저장해야만 한다. 물은 생명체의 근원이기에 봄에는 꽃만 볼 것이 아니라 물소리를 함께 들어야 한다. 꽃을 보기 전에 나무에 귀를 대고 물소리를 들어보자. 자신을 보는 자는 나무에서 흐르는 물소리를 크게 들을 수 있겠지만, 그렇지 못한 사람은 나무에서 폭포수 같은 물이 흘러도 듣지 못할 것이다. 나무가 꽃을 피우기 위해 물을 어떻게 길어 올리는지를 보려면 봄에 모과나무 껍질을 보라. 나무의 껍질이 축축한 것을 알 수 있을 것이다. 보통 나무와는 다르게 모과나무는 물을 길어 올리는 흔적을 겉으로 드러낸다. 나는 봄철 나무를 볼 때 꼭 모과나무를 보고, 다른 사람들에게도 보여준다. 모과나무 열매만 기억하는 사람들에게는 모과 껍질의 축축함이 충격으로 다가온다.

봄을 감상하는 것을 '상춘賞春'이라 부른다. 상춘은 봄을 즐긴다는 뜻이지만, '상'의 뜻에는 '칭찬하다'가 즐긴다는 뜻보다 먼저다. 상춘객들은

나무
철학

나무가 고생스럽게 피워낸 꽃을 즐기는 데 여념이 없어 다른 것을 보지 못하는 경우가 많다. 하지만 꽃을 보는 순간 나무를 칭찬하는 자세는 반드시 필요하다. 나무에게 꽃을 피우느라 얼마나 고생이 많았느냐고 어깨를 두드려주면서 칭찬하는 사람이 있다면, 그 사람이야말로 진정 봄을 즐길 줄 아는 선비다. 매화꽃을 구경하면서도 누구 하나 칭찬하는 사람이 없다면 이 얼마나 슬픈 일인가. 인간이 어떻게 아름다운 꽃을 만들 수 있겠는가. 아름다운 꽃을 만들어준 나무들에게 한 번이라도 칭찬의 말을 건넬 수 있다면 그는 진정 아름다운 사람이다.

봄에 꽃을 피운 나무들에 대한 칭찬에서 그치지 않고 나무를 위한 상까지 마련한다면 이 세상은 얼마나 아름답게 변할까? 매년 매화나 산수유 등의 꽃 축제를 하는 지자체에서 나무에게 상을 주는 프로그램이라도 만들면 좋으련만 실제로는 사진 촬영, 열매 따기 등만 있을 뿐 나무들에게 상을 주는 행사는 찾아볼 수 없다. 인간이 나무를 위해 상을 준다면 나무와 인간은 같은 생명체로서 제대로 소통하고 만날 수 있을 것이다. 어쩌면 인간은 지금까지 진정으로 나무를 만나지 못했을지도 모른다. 이는 결국 자기 자신도 제대로 만난 적이 없다는 뜻이다. 그래서 봄은 언제나 나부터 시작된다. 봄을 나부터 시작하면 항상 봄처럼 에너지 넘치는 삶을 살아갈 수 있다.

제3부

그러나 끊임없이 치열한

제20장

치열하기에
아름답다

—
아까시나무의 철학

           요즘 많은 사람이 숲을 찾는다. 숲을 찾는 사람들이 늘면서 숲을 이용한 체험 프로그램도 유행이다. 이제 사람들은 숲을 단순히 놀이의 대상이 아니라 치유의 대상으로 삼고 있다. 그래서 '치유'를 의미하는 '힐링healing'이라는 단어는 여전히 곳곳에서 사용되고, 어느 방송국에서는 '힐링캠프'까지 만들었다. 힐링이 유행한다는 것은 치유하지 않으면 안 될 만큼 인간의 삶이 고통스럽다는 반증이다. 그러나 현대인들의 삶만이 고통스러운 것은 아닐 것이다. 석가가 이야기했듯이 인간은 태어나면서부터 고통 속에서 살아가는 존재다. 중요한 건 그런 고통을 어떻게 치유할 것인가 하는 문제다. 그동안 인류는 고통을 치유할 수 있는 방법을 수없이 찾아왔지만, 여전히 삶이 고통스러운 것은 마찬가지다.

사람마다 다르겠지만 현대인들이 겪는 고통의 원인 중 하나는 '불안'
이다. 경제적 불안은 물론 심리적으로 늘 불안한 게 현대인들의 일상이다.
불안한 삶을 이겨내기 위한 다양한 방법 중 단연 최상의 방법은 숲을 찾
는 것이다. 사람들은 숲에서 마음이 편안해지기 때문에 숲을 찾는다. 숲
의 치유를 이야기하는 연구자들은 '피톤치드'를 강조한다. 피톤치드는 나
무들이 자신을 보호하기 위해 뿜어내는 물질로, 인간에게도 아주 유익하
다. 그래서 숲에 들어가 있으면 도시에서 찌든 몸과 마음을 정화시킬 수
있다. 그러나 사람들은 숲에 들어가 휴식을 취하면서도 숲의 형성에 대해
서는 관심이 없다.

　　인간은 숲이 언제나 고요하고 마음을 편안하게 해주는 곳이라 생각
할지 모르지만, 사실 숲은 삶과 죽음이 넘나드는 치열한 삶의 현장이다.
숲은 나무들이 치열하게 살아가는 모습이다. 나무는 인간에게 어떤 도움
을 줄지에 대해서 전혀 관심을 두지 않는다. 오히려 인간이 숲에 들어오는
순간, 나무들은 인간의 발소리를 듣고는 경계한다. 그러나 사람들은 나무
를 보면서 '아낌없이 주는 나무'라고 칭찬한다. 아마 나무가 이 이야기를
듣는다면 경악할 것이다. 지금까지 인간이 나무를 위해서 한 일은 거의
없다는 것을 알기 때문이다. 영악하게도 인간은 나무를 향해 아낌없이 준
다고 칭찬할 줄은 알면서 정작 나무가 어떻게 살아가는지는 관심을 두지
않는다.

　　나무는 철저한 이기주의자다. 오로지 자신을 위해서만 산다. 나무가
아낌없이 주는 존재로 평가받을 수 있는 것도 오로지 나무의 이기주의 때
문이다. 절대적인 이기주의자라야 다른 존재들에게 무언가를 줄 수 있다.

나무
철학

절대적인 이기주의자는 언제나 치열하게 살아간다. 내가 나무를 사랑하는 이유도 치열한 삶 때문이고, 내가 나무 이름을 갖고 있는 것도 그 치열한 삶을 배우기 위해서다. 어떻게 해야 그런 치열함을 배울 수 있을까.

치열한 삶은 결코 간단하지 않다. 만약 치열한 삶이 간단한 것이라면 나무가 그토록 위대한 존재로 평가받지 못할 것이다. 치열한 삶은 본질에 대한 물음이라는 점에서 일종의 화두話頭와 같다. 화두는 선종에서 깨달음을 주기 위한 하나의 방법이다. 많은 사람이 알고 있을 법한 '뜰 앞의 측백나무'는 어떤 승려가 중국 당대의 조주스님에게 "달마가 서쪽에서 온 뜻이 무엇입니까?"에 대한 화두다. '나무란 무엇인가?'라는 물음에 대한 화두는 한마디로 '치열한 삶'이다. 나무가 생명을 유지하는 방법은 치열한 삶 그 이상도 이하도 아니다. 그러나 나무의 치열한 삶을 한 번도 고민해보지 않은 사람들은 숲의 진정한 아름다움을 알 수 없다. 숲에서 아무리 인간에게 유익한 피톤치드가 나오더라도, 그런 피톤치드를 통해 마음과 몸을 치유했더라도 진정 자신은 아름다운 존재로 살아갈 수 없을 것이다.

숲 치유 프로그램에서 종종 사람들이 나무에 기대어 등을 때리는 경우가 있다. 동네 인근의 산에서도 이러한 장면을 흔히 볼 수 있다. 산에 정기적으로 오르는 사람들은 나무에 헝겊 같은 것을 둘러놓기도 하면서 자신의 몸을 건강하게 만들기 위해 나무를 심하게 두드린다. 나무를 두드리지 않고도 얼마든지 몸과 마음을 건강하게 만들 수 있는데 왜 그런 짓을 할까. 아마 그들은 나무를 자신과 같은 생명체라 여기지 않고, 인간을 위해서 살아가는 존재쯤으로 생각하는 듯하다. 만약 나무가 자신을 위해서 치열하게 살아가지 않는다면 인간이 더 이상 숲에 들어갈 수 없다고 생각하는 사람은 거의 없을 것이다. 그저 나무는 산에 가면 언제든 있는 존재라고 여기는 게 사람들의 통념이다.

대한민국은 치열하게 살아가는 사람들의 사회다. 나에게 나무를 만나러 가는 여행은 치열한 삶을 살아가는 존재와의 만남이다. 그래서 어떤 나무든 아름다운 법이지만, 사람들은 나무의 삶을 생각하기보다는 겉모습을 중시한다. 특히 당장 인간에게 도움을 줄 수 있는 나무를 선호한다. 나이를 먹어 세상의 이치를 조금씩 깨닫게 되면, 식물에 관심을 갖게 된다. 혹자는 식물에 관심을 갖는 순간 나이가 들었다는 뜻이라고 이야기하지만, 어찌 됐든 식물에 관심을 갖는 그 자체는 아주 바람직한 일이다. 나이를 먹으면서 식물에 관심을 두는 사람 중에 전원생활을 꿈꾸는 경우를 종종 볼 수 있다. 그중 몇몇은 나에게 전원주택의 경우 어떤 나무를 심는 것이 좋은지를 묻곤 한다. 나는 이럴 때 '어떤 나무를 가장 좋아합니까?' 라고 묻는 것처럼 대답하기가 난감하다. 나는 이 세상에 존재하는 모든 나무를 좋아하기 때문이다. 나무의 치열한 삶을 생각하는 사람들은 결코 어떤 나무를 가장 좋아하는지, 어떤 나무를 심는 것이 좋은지를 묻지 않는다.

치열하게 사는 자만이 다른 존재에게 즐거움을 줄 수 있다. 인간이 나무의 도움을 받으며 사는 것도 나무의 치열한 삶 덕분이지만, 인간은 생각 없이 숲에서 무심코 나뭇가지를 꺾어버린다. '잡목'은 나무의 삶을 생각하지 않는 인간의 편견을 가장 잘 보여주는 단어다. 어떤 나무가 과연 잡목일까? 무슨 기준으로 나무를 '잡목'과 '정목正木'으로 나누는 것일까. 왜 인간은 치열하게 살아가는 나무를 차별할까. 치열하게 살아가는 모습

나무
철학

은 어떤 생명체이든 마찬가지인데, 왜 그런 존재의 일부를 낮게 평가하는 걸까. 그래서 나는 잡목을 비롯한 잡초, 잡어와 같은 용어를 사용하지 않는다.

우리나라 나무 중 대표적으로 알려져 있는 잡목은 콩과의 아까시나무다. 아까시나무는 많은 사람이 알고 있는 아카시아의 바른 이름이다. 사람들은 벌들이 아까시나무의 꽃에서 얻은 꿀을 가장 좋아하면서도 이 나무를 무시한다. 그 이유는 한국인들이 가장 좋아하는 소나무의 삶을 방해하기 때문이고, 그런 아까시나무의 못된 짓이 일본인들에게서 시작된 거라 믿기 때문이다. 그러나 아까시나무는 일본인들이 소나무를 죽이기 위해 심은 것도 아닐뿐더러 소나무의 삶을 방해하기만 한 것도 아니다. 오히려 아까시나무는 강한 번식력으로 인해 민둥산 시대에 가장 중요한 땔 감이었다. 만약 아까시나무가 아니었다면 소나무를 보호해서 지금과 같은 울창한 산으로 만들 수 없었을지도 모른다. 이처럼 아까시나무는 대한민국의 산을 푸르게 하는 데 중요한 역할을 했다. 그런데도 사람들은 아까시나무에 고마움을 표하기는커녕 잡목으로 평가하고 있으니, 무척이나 안타까운 일이다.

북미 원산의 콩과 아까시나무처럼 소위 잡목이라 불리는 나무 역시 그 치열한 삶은 한국 사람들이 정목으로 꼽는 소나무와 다를 바 없다. 아까시나무가 치열하게 산 덕분에 벌들에게 꿀을 제공하고, 인간은 그 벌꿀을 먹을 수 있다. 아까시나무의 잎은 어떤가. 어린 시절 동구 밖 과수원 길에 활짝 핀 아까시나무의 꽃향기를 맡고, 때론 꽃을 따서 먹고, 잎을 따서 친구들과 소꿉놀이했던 사람들은 아름다운 추억은 간직하면서도 이

아까시나무의 꽃.

나무의 존재를 부정하곤 한다.

어린 시절 나는 새롭게 올라온 아까시나무의 줄기를 낫으로 베서 땔감으로 만들었다. 어린 나무들은 자신을 보호하기 위해 가시를 많이 만드는 게 특징이다. 아까시나무의 경우도 새 줄기는 가시가 아주 많아서 손에 찔리기 일쑤다. 손에 피를 흘리면서도 땔감을 마련하지 않으면 살아갈 수 없는 시절이었는데, 그 시절에는 한 번도 고마운 마음을 갖지 못했다. 그러나 소나무를 베는 것을 금지했던 1970년대의 아까시나무는 더없이 고마운 존재였다. 주로 땔감용이었던 아까시나무는 지금도 한국의 산에 많이 살고 있지만, 크게 자란 나무를 보기는 드물다. 간혹 나이를 100살 정도 먹은 아까시나무를 볼 수 있는데, 이 나무는 1900년 초에 나무를 도입한 시기부터의 오랜 역사를 간직하고 있는 셈이다.

편견을 버리고 한 생명체로서의 아까시나무를 바라보면 이 나무도 소나무처럼 아주 멋지다. 사람들에게 무시당하는 아까시나무는 누구를 탓하며 살지 않는다. 그런데 사람들은 아까시나무의 도움을 받으면서도 탓까지 하니, 이 얼마나 부끄러운 일이겠는가. 중국에서는 아까시나무를 가로수로 심고 있다. 만약 아까시나무를 가로수로 심자고 한다면 우리나라 사람들이 어떤 반응을 보일까 무척 궁금하다. 나는 중국의 북한 대사관 앞 가로수가 아까시나무라는 것을 보고 무척 놀랐다. 한국인들이 싫어하는 아까시나무를 가로수로 심은 것 자체가 놀라울 뿐 아니라 나무의 아름다운 모습에도 놀랐다. 내가 살고 있는 인근의 산에서도 갈잎큰키나무인 아까시나무가 아주 크게 자란 모습을 볼 수 있지만, 가로수로 살고 있는 모습을 보니 한층 돋보였다.

아까시나무 숲.

아까시나무의 껍질을 보면 이 나무가 얼마나 치열하게 살고 있는지 알 수 있다. 갈색 혹은 황갈색의 껍질은 나이가 들면서 세로로 깊게 갈라진다. 이처럼 아까시나무의 껍질은 한평생 직장에서 열심히 살았던 노인들의 깊은 주름을 닮았다. 아까시나무의 속은 껍질 이상으로 나무의 삶을 간직하고 있지만, 좀처럼 나이 많은 나무를 보기 어렵기 때문에 속을 쉽게 볼 수 없다. 다만 아까시나무가 많이 살고 있는 산에서는 이 나무의 속을 볼 수 있는 기회가 아주 없지는 않다. 아까시나무는 뿌리가 땅속 깊이 들어가지 않기 때문에 홍수와 태풍으로 넘어지는 경우가 많다. 넘어진 아까시나무를 톱으로 잘라보면 속이 아주 단단하다.

아까시나무의 속은 단단하면서도 무늬가 매우 아름답다. 우리나라에서는 그저 잡목일 뿐인 아까시나무가 유럽에서는 고급 가구재를 만드는 데 적극 활용된다. 아까시나무의 치열한 삶의 결과는 꽃과 잎만이 아니라 열매에서도 확인할 수 있다. 이 나무가 콩과라는 사실도 부모를 닮은 꽃과 열매에서 확인할 수 있다. 그러나 아까시나무 열매는 인간에게 전혀 관심을 받지 못한다. 쓸모가 없기 때문이다. 아까시나무 열매 안에는 5~10개 정도의 갈색 씨앗이 들어 있고, 그 씨앗이 새 생명을 낳는다. 열매는 아주 풍성한 꽃처럼 많이 열리는데, 겨울철에 아까시나무 아래에 가면 수없이 많은 열매를 만날 수 있다. 그 열매 자리에서 새로운 생명이 돋는다. 씨앗에서 돋는 새로운 생명을 보면 나무가 얼마나 치열하게 살아가는지를, 그런 치열함이 한 존재의 삶을 아름답게 만든다는 사실을 느낄 수 있다.

나무의 모든 순간은 치열하다. 불꽃이 활활 타오르는 모습처럼 치열함은 결코 꺼지지 않는 불꽃이다. 어떤 분야든 치열하게 살아가는 자는 아까시나무의 그루터기.

아름답다. 잠시라도 방심하면 불꽃은 꺼져버리고, 불꽃이 없는 인생의 앞날은 어둡다. 인간이 살아가면서 지치는 이유는 힘이 부족해서가 아니라 치열함이 없기 때문이다. 치열하게 살아가는 자는 언제나 당당하고 불안해하지 않으며 지치지 않는다.

제21장

기다림에서
감동이
나온다

오동나무의 철학

　　　　　　　　　　요즘 사람들은 기다림에 익숙하지 않
다. 빠른 속도로 변하고 있는 교통과 통신 수단의 발달로 인해 기다리는
것을 시간낭비로 생각한다. 그러나 교통과 통신 수단이 발달하지 않았던
농업사회에서는 기다리는 것을 자연스럽게 받아들였다. 자동차가 없던 시
절, 대중교통을 이용해 어딘가로 가기 위해서는 기다리지 않으면 먼 곳을
다닐 수가 없었다. 오늘날 현대인들에게 무작정 기다린다는 것은 있을 수
없는 일이지만, 농업사회에서는 무작정 기다리는 일이 다반사였다. 사람
간의 관계도 마찬가지다. 요즘은 누군가를 기다리지 않는다. 조금만 시간
이 늦으면 바로 전화를 걸어서 확인할 수 있다. 텔레비전을 볼 때는 광고
시간조차 기다리지 못하고 채널을 끊임없이 돌린다.
　　현대인들은 시 단위로 살지 않고 초 단위로 산다. 그러나 시간時間은

때에 틈을 의미한다. 농업사회든 산업사회든 하루 24시간과 1년 사계절은 같지만, 산업사회 이후에 태어난 사람들의 때에 대한 이해는 농업사회를 경험한 사람들과 아주 다르다. 농업은 철저한 기다림의 과정이다. 봄에 씨앗을 뿌린 후 결실을 거둘 때까지 무조건 기다려야 한다. 기다리지 않고서는 결실을 맛보는 것 자체가 불가능하다.

기다리지 못하고 억지로 성장하게 만드는 것을 조장助長이라 부른다. 『맹자』「공손추 상」에 등장하는 이 말은 조급하게 어떤 일을 하면 오히려 일을 망친다는 뜻으로 사용된다.

> 송나라 사람 중에 (곡식) 싹이 자라지 못한 것을 안타깝게 여겨 뽑은 자가 있었다. 그는 아무것도 모르고 집으로 돌아와서 집안사람들에게 말하기를, '오늘 나는 매우 피곤하다. 내가 싹이 자라도록 도왔다'고 하여 그 아들이 달려가서 보았더니, 싹은 말라 있었다.

기다리지 못하는 것은 송나라 농부만이 아니라 한국의 조경 풍토도 마찬가지다. 새 건물을 짓거나 고속도로를 신설할 경우 조장과 유사한 형태를 자주 만날 수 있기 때문이다. 한국인들의 성격이 급한 탓인지 새 건물이나 고속도로 인터체인지 주변에는 키가 매우 큰 소나무를 옮겨 심는 경우가 많다. 개인 주택도 마찬가지다. 그래서 최근에는 나무를 키워 파는 묘목 산업이 성행하고 있다. 모든 분야에서 씨앗을 뿌려 나무를 키울 수는 없지만 일부 장소에서는 얼마든지 종자로 나무를 키울 수 있는데, 실제 그렇게 하는 사람은 거의 없다. 빨리 나무의 멋진 모습을 즐기고 싶기

나무
철학

때문이다. 그러나 사실 이미 자란 나무를 가져와서 심는 것 이상으로 씨앗을 뿌려서 자라는 모습을 보는 것은 훨씬 즐거운 일이다.

나는 베란다 화분에 사용할 흙에서 간혹 올라오는 식물을 보면서 즐거움을 만끽한다. 화분에서 올라온 식물이 땅속에 얼마나 있었는지는 모르지만, 긴 시간의 침묵을 깨고 땅 위로 올라오는 모습만 봐도 흥분의 도가니다. 그렇게 올라온 식물에 물을 주면 아파트인지라 햇볕이 많지 않아도 생각보다 빨리 자란다. 봄에 올라온 어린 식물은 어른 식물보다 잎을 빨리 떨어뜨린다. 그런 다음 긴 겨울을 견디다가 다시 봄에 싹을 틔운다. 식물의 싹이 올라오는 모습은 정말 찬란하다. 찬란한 모습을 보기 위해서는 기다림이 요구된다. 한국의 김치와 된장을 비롯한 각국 발효식품이 세계적인 음식으로 평가받는 것도 절대시간을 기다려서 만들어진 제품이기 때문이다. 이 세상에 감동을 주는 것은 대부분 절대적인 기다림에서 나온다. 그래서 나는 속성으로 만들어내는 제품은 물론 꽃을 많이 피우도록 만든 나무, 늘 붉은 잎으로 살아가도록 만든 나무를 좋아하지 않는다.

우리나라를 비롯해 세계 각국의 유명한 나무들은 수백 수천 년을 기다린 후에도 만날 수 있고 감동받을 수 있다. 나는 나무를 공부하면서 수많은 천연기념물을 찾아 나섰다. 아직 우리나라에 살고 있는 천연기념물을 모두 만나보지는 못했지만, 꾸준히 다니고 있다. 나무를 본격적으로 공부하면서 만난 천연기념물 중 부산시 부산진구 동래東萊정씨 시조 묘에 살고 있는 배롱나무를 잊을 수 없다. 그 배롱나무를 만나기 위해 작년에 가족과 함께 다시 이곳을 찾았다. 12년 만에 다시 찾아간 셈이다. 그곳의 배롱나무는 전국의 배롱나무 중에 가장 나이가 많다. 배롱나무 꽃이 만개한 모습은 그곳에 사는 사람이 아니면 쉽게 볼 수 없지만, 그곳에 사는 사람들이라고 해서 반드시 볼 수 있는 것도 아니다. 배롱나무가 살고 있는 곳에 살았던 분에게 가는 길을 물었지만 그곳에 배롱나무가 살고 있는 지조차 잘 모르고 있었기 때문이다.

12년 전 처음 이곳의 배롱나무를 만났을 때는 꽃이 만개한 모습을 보지 못했다. 다시 찾아가는 길도 처음 찾았을 때처럼 여러 차례 묻고 또 물어서 갔다. 그런데 고생 끝에 다시 찾아가보니 놀랍게도 배롱나무 꽃이 만개한 시기였다. 나는 그 장면을 보는 순간, 울컥 눈물이 났다. 12년 만에 다시 찾은 정성이 통했던 것일까. 배롱나무 꽃이 무덤을 온통 붉게 물들이고 있었다. 나는 한참 동안 배롱나무 꽃이 만개한 장면을 바라보고 있었다. 차마 가까이 갈 수 없었다. 가까이 가면 오히려 배롱나무 꽃을 자세히 볼 수 없다는 것을 알았다. 멀리서 그리운 존재를 보는 것이 더욱 아름답다는 것도. 한참 동안 멀리서 보다가 다가갔다. 사방을 돌면서 꽃을 만나고, 나무의 속으로 들어가서 하늘과 함께 바라보았다.

나무와 풀꽃이 아름다운 것은 아주 잠깐 피어 있기 때문이기도 하지만, 무엇보다 1년을 기다려서 볼 수 있기 때문이다. 만약 언제든지 꽃을 볼 수 있다면 감동은 훨씬 줄어들 것이다. 감동의 순간은 언제나 짧다. 부처꽃과의 배롱나무 꽃은 100일 동안이나 피어 있지만, 꽃 한 송이는 10일을 넘기지 않는다. 배롱나무 꽃은 다른 나무의 꽃보다 훨씬 오래 피어 있기 때문에 백일홍百日紅이라 불린다. 그러나 배롱나무 꽃은 각각의 꽃송이가 피는 기간이 다르기 때문에 오랫동안 피어 있는 것처럼 보일 뿐이다. 무궁화 역시 배롱나무처럼 100일 정도 피어 있지만, 꽃 한 송이는 단 하

나무
철학

배롱나무 꽃.

루면 진다. 그러나 잠시 동안의 감동은 그냥 맛볼 수 있는 것이 아니라 감동하기 전까지의 긴 기다림 덕분이다. 아름다운 배롱나무 꽃을 보면서 감동하는 것 역시 마찬가지다.

기다림은 그리움을 낳고, 그리움은 사랑과 희망을 낳는다. 우리나라 사람들은 누군가를 기다리기 위해 현삼과인 오동나무를 심었다. 기다리던 딸을 낳으면 오동을 심어 시집갈 때 장롱을 만들어주었고, 우륵 같은 음악가는 악기를 만들려고 계곡 물가에 오동을 심었다. 빨리 자라는 오동은 나무의 속이 비어 있어서 붙은 이름이며, 잎이 아주 크다는 것이 특징이다. 가랑비가 내릴 때는 우산으로 사용해도 괜찮을 만큼 큰 잎은 가을을 알려주는 상징이기도 하다. 그래서 옛사람들은 오동잎이 떨어지면 가을이 깊은 줄 알았고, 어디선가 들려오는 귀뚜라미 울음소리는 누군가를 더욱 그리워하게 만들었다.

오동은 한국의 마을과 계곡에서 흔히 만날 수 있다. 오동을 어디서나 쉽게 만날 수 있는 것은 그만큼 오동이 이 땅에 적합하다는 의미일 테지만, 한국인들의 이상이 이 나무에 달려 있다는 뜻이기도 하다. 요즘은 농촌은 물론 도시에서도 오동을 흔히 볼 수 있기 때문에 그리워하는 경우는 드물다. 오히려 화투를 칠 때 오동을 만난다. 화투 11에 등장하는 오동을 사람들은 '똥'이라 발음하면서 '똥'이 돈인 줄 알고 무척 좋아하지만, 화투 11은 사실 오동에 봉황이 앉아 있는 모습이다. 오동에 앉아 있는 봉황은 나무의 열매를 먹고자 하는 것이 아니라 누군가를 기다리고 있다.

나팔꽃처럼 생긴 보라색 꽃은 길게 뻗어 땅으로 향한다. 벌어진 꽃 모양을 닮은 꽃받침은 길게 나온 꽃을 감당하기 어려워 끙끙대고 있는 느

나무
철학

오동잎.

낌이 들 정도로 꽃의 길이에 비해 작다. 열매도 긴 꽃처럼 길게 주렁주렁 달리고, 마치 도사들이 들고 다니는 방울처럼 생겼다. 그러나 오동에 앉은 봉황은 꽃도 먹지 않고 열매도 먹지 않는다. 과연 봉황은 오동에 앉아서 무엇을 그리워할까, 누구를 그토록 기다리는 걸까.

봉황이 기다리는 것, 봉황이 그리워하는 것은 대나무의 꽃과 열매다. 그러나 대나무의 꽃은 나무가 죽음에 이르러서야 볼 수 있고, 꽃이 핀 뒤에 열매가 달려야만 기다린 보람을 맛볼 수 있다. 그러니 결국 봉황이 기다리는 것은 대나무의 죽음이다. 이 얼마나 슬픈 일인가. 한 생명체가 자신이 살기 위해 다른 생명체의 죽음을 기다려야 하는 것만큼 슬픈 일도 없지만, 이게 삶이고 현실이다. 대나무가 죽기까지 짧게는 수십 년, 길게는 100년을 기다려야 한다. 봉황은 오동을 떠나지 않고 기다린다. 봉황이 누군가를 미치도록 그리워하지 않고서는 어떻게 100년을 기다릴 수 있을까. 우리 조상들이 오동을 심은 이유는 단순히 상상의 동물인 봉황을 기다린 것이 아니라 꿈을 실현하려는 강한 의지의 표출이었다.

요즘의 부모는 자식을 기다리지 않는다. 빠른 성과를 기대하는 부모들은 자식이 빨리 움직이길 바랄 뿐이다. 그래서 자식들은 성급하게 자신의 진로를 결정하기도 하고, 성격이 훨씬 급한 부모는 당신이 직접 자식의 장래를 결정해버린다. 그러나 급한 마음에 부모가 자식의 장래를 결정하게 되면 절대 좋은 결과를 기대할 수 없다. 그런 자식은 부모의 기대에 부응하기 힘들다. 나는 부모님의 기다림 덕분에 지금의 자리에 있는 셈이다. 가족 부양조차 제대로 하지 못하는 자식을 계속 다그쳤다면 나는 결코 나무와 만날 수 없었을 것이다. 그러나 부모님은 내가 하는 일에 거의 간섭

나무
철학

오동나무의 꽃과 열매.

하지 않고 그저 기다려주셨고, 나는 기다림이 이 세상에서 가장 중요한 스승이라는 것을 알게 되었다.

감동의 시간이 짧다고 불평할 필요는 없다. 감동의 순간이 아무리 짧아도 그 짧은 감동에는 긴 기다림이 담겨 있고, 그 기다림의 시간이 다시 감동의 순간을 만드는 영양분이 되기 때문이다. 감동은 결실이다. 나무의 열매를 의미하는 결실은 충분한 시간을 품고서야 제맛을 낸다. 속성으로 만든 음식이 결코 제맛을 낼 수 없는 것처럼 충분한 시간을 들이지 않은 열매는 중간에 떨어지고 만다. 누구나 감동의 시간을 맛보고 싶어하지만, 진정으로 감동하는 순간을 맞이하는 사람들이 드문 것은 성급하게 감동을 기대하기 때문이다. 감동은 무작정 기다린다고 맛볼 수 있는 것이 아니다. 감동은 인고의 시간에 비례하기 때문에 시간을 감내하지 않으면서 쉽게 감동을 기대한다면, 이는 감동을 로또에 당첨되는 것쯤으로 생각하는 것과 다를 바 없다.

1년 만에 핀 배롱나무의 꽃에서 내가 느낀 감동은 누군가의 삶이 다른 존재에게 감동을 줄 수 있다는 것을 보여주는 사례다. 한 존재의 감동을 다른 존재가 만들어줄 수는 없지만, 다른 존재에게 전할 수는 있다. 감동은 일종의 바이러스다. 나무처럼 치열하게 산 자가 만들어내는 꽃은 누군가에게 향연饗宴을 제공한다. 꽃의 향연은 감동의 절정이고 짧고도 짧지만 삶이 얼마나 소중한지를 절감할 수 있게 한다. 사람이 아무리 힘든 시간을 보내더라도 힘든 삶은 반드시 감동을 잉태하기 때문이다. 그러니 힘든 삶과 감동은 따로 떨어져 있는 것이 아니다. 나무가 꽃을 몸속에서 피워 다른 존재들에게 감동을 주듯이, 인간의 삶에서도 감동은 그 과정

나무
철학

에서 잉태되고 있다.

내가 먼 길을 떠나 상당한 비용을 들여서까지 한 그루의 나무를 만나러 가는 것도 감동을 만들어가는 긴 여정에 지나지 않는다. 한 그루의 나무에 핀 꽃을 보러가는 길은 오로지 나무가 만들어내는 감동을 보러가는 것이고, 스스로 감동을 만들기 위함이다. 스스로 감동을 만들지 못하는 자는 다른 존재가 만든 감동 또한 느낄 수 없다. 내가 한 그루의 나무를 통해 언제나 감동할 수 있는 것도 내 스스로 늘 감동을 만들 수 있기 때문이다. 늘 곁에서 만나는 나무를 통해 감동하지 않는다면, 그 사람은 스스로 감동을 만들지 못하는 사람이다.

제22장

고정생장형과
자유생장형

다름의 철학

사람들은 각자 생활 태도가 다르다. 어떤 사람은 계획적이지만, 어떤 사람은 그렇지 못하다. 계획적인 사람이 반드시 옳다고 생각하기보다는 각자 형편에 따라 살아가는 것이 바람직할 것이다. 계획적인 사람은 빈틈없는 생활을 통해서 만족할 테지만, 덜 계획적인 사람은 빈틈없는 생활이 다소 불편할 수도 있다. 경제생활에서도 사람의 성격이 드러난다. 한 달 용돈을 잘 관리하는 사람이 있는가 하면, 그렇지 못한 사람도 있다. 나의 두 딸은 같은 배에서 나온 자식이지만 용돈 관리에서는 전혀 다르다. 큰딸은 용돈을 제대로 관리하지 못해 간혹 용돈이 부족해서 소위 가불을 하기도 하지만, 관리를 잘하는 작은딸은 그런 경우가 거의 없다. 나는 서로 다른 두 딸의 용돈 관리에 대해 가치판단을 내리지 않는다. 각자 나름대로 의미가 있기 때문이다. 용돈 관리를 못하는 큰딸의 경우 짧은 시간 내에 자신이 필요한 곳에 과감하게 '투자'하는 성향이지만, 용돈 관리를 잘하는 작은딸은 돈을 모아서 자신이 필요한 곳에 장기적으로 투자하는 성향이다. 물론 용돈 차원이 아니라 아주 많은 돈일 경우에는 각자의 성향이 삶에 엄청난 영향을 줄 수 있을 것이다. 그러나 설령 그렇다 해도 가능하면 각자의 선택을 존중할 필요가 있다. 문제는 선택 자체가 아니라 판단력이다.

나무도 살아가는 방식에 따라 '고정생장형固定生長型'과 '자유생장형自由生長型'으로 크게 나눌 수 있다. 물론 다양한 나무의 삶을 이분법적으로 분류하는 것은 바람직하지 않지만, 편의상 나누는 것도 나무를 이해하는 데 도움을 줄 수 있다. 고정생장형은 자신의 형편을 잘 살펴서 계획적으로 살아가는 경우이고, 자유생장형은 형편이 좋으면 앞날을 크게 걱정하지 않고 과감하게 살아가는 경우다. 대표적인 고정생장형은 소나무와 참나뭇과 나무들이고, 자유생장형은 버드나무다. 고정생장형의 나무는 대체로 천천히 자라기 때문에 나무의 질이 단단한 반면, 자유생장형의 나무는 빨리 자라기 때문에 고정생장형에 비해 상대적으로 단단하지 않다. 그래서 소나무와 참나뭇과의 나무들은 목질이 아주 단단한 반면 버드나무는 목질이 단단하지 못하다.

고정생장형 나무는 목질이 단단하지만 부드럽지는 않다. 고정생장형 나무는 추위에 잘 견디지만 자유생장형 나무는 추위에 다소 약하다. 사람도 마찬가지로 부드러운 사람이 있는가 하면 억센 사람도 있고, 추위를 잘 견디는 사람이 있는가 하면 그렇지 못한 사람도 있다. 우리나라는 사계절이 공존하는 지역인지라 고정생장형과 자유생장형의 나무들이 골고

나무
철학

루 분포하고 있다. 한국인들은 유독 고정생장형의 소나무와 참나뭇과 나무들을 좋아한다. 그런데 많은 사람이 참나무가 존재하는 줄은 알지만, 나무 이름 중에 참나무가 없다는 것은 잘 모르기도 한다. 흔히 알고 있는 참나무는 주변에서 쉽게 만날 수 있는 상수리나무, 굴참나무, 신갈나무, 졸참나무, 떡갈나무, 갈참나무 등을 일컫지만, 식물도감에는 참나무가 등장하지 않는다.

어떤 나무를 참나무로 여기는지는 사람마다 다르고 식물학자들도 의견이 분분해 그 기준이 일정하지 않다. 참나무는 참나뭇과의 여러 나무를 통칭하는 이름이지만, 사람들은 무의식적으로 그저 '참나무'라 부른다. 다만 한국인들이 참나뭇과 나무 중에서 정서적으로 가장 선호하는 것은 상수리나무와 굴참나무다. 주변에서 가장 쉽게 만날 수 있을 뿐 아니라 나무 열매인 '도토리'가 삶에 큰 도움을 주기 때문이다. 상수리나무와 굴참나무를 비롯한 참나뭇과의 나무가 없다면 한국의 산은 지금처럼 아름다운 '금수산錦繡山'으로 바뀌지 않았을 것이다. 한국의 가을을 붉게 물들이는 것은 단풍이지만, 붉은 단풍이 산 전체에서 차지하는 비율은 높지 않다. 오히려 가을을 아름답게 만드는 것은 참나뭇과의 나뭇잎이다. 특히 물든 잎보다는 떨어진 잎이다. 한국에서 가장 인기 있는 나무인 소나무는 역사와 문화 측면에서 많은 장점을 지니고 있지만, 다른 생명체를 살아가게 만드는 영양분을 제공하기보다는 오히려 삶을 방해한다. 반면 참나뭇과 나무들은 잎을 떨어뜨려 자신은 물론 다른 생명체들이 살아갈 수 있는 거름을 제공한다. 그러나 사람들은 참나무의 열매만 좋아할 뿐 잎에 대해서는 큰 관심을 갖지 않는 편이다. 참나뭇과의 열매는 어려운 시기를 극복하는 데 큰 도움을 준 이른바 '구황식물'의 상징이다.

갈잎큰키 상수리나무는 잎과 꽃이 동시에 나온다. 잎은 어긋나면서 길다. 상수리나무의 잎은 앞뒤의 색깔이 비슷하다. 노란색 수꽃은 길어서 밑으로 늘어진다. 얇은 비늘 조각으로 덮여 있는 도토리는 앙증맞다. 상수리나무의 껍질은 회갈색 혹은 검은 회갈색이고, 불규칙하게 갈라진다. 이러한 특징은 굴참나무와의 비교에 큰 도움을 준다. 갈잎큰키 굴참나무도 꽃과 잎이 동시에 피고 수꽃이 아래로 처지며, 얇은 비늘 조각으로 감싼 열매까지 많은 점이 상수리나무와 닮았다. 그러나 굴참나무는 잎의 앞뒤 색깔이 다르고, 껍질은 강한 코르크라는 점이 특징이다. 특히 강원도 산간 지역에서는 굴참나무의 껍질을 이용해 지붕을 만든다. 이렇게 탄생한 집이 바로 '굴피집'이다.

참나뭇과의 나무는 열매와 잎, 껍질 등으로 구분할 수 있지만, 잎과 꽃이 동시에 피는 공통점을 갖고 있다. 전국의 참나뭇과 나무 중에서 나는 경상북도 영주의 갈참나무를 가장 좋아한다. 갈잎큰키인 갈참나무는 상수리나무와 굴참나무와 닮은 점도 많지만, 잎이 타원형이고 열매 모양은 씨앗이 밖으로 많이 나와 있는 점이 다르다. 영주의 갈참나무는 천연기념물로, 우리나라에서 보기 힘들다. 내가 굳이 영주의 갈참나무를 좋아하는 이유는 귀한 존재라서가 아니라 귀한 존재를 모시는 동네 사람들의 정성 때문이다.

곱디고운 가을빛 내려앉은 선비의 고장 영주, 갈참나무를 만나러 가는 길은 내가 이 땅에 태어났다는 것을 자랑스럽게 만들 만큼 아름답고 행복하다. 은행나무 가로수 따라 묻어나는 사과 향기는 세파에 찌든 묵

나무
철학

은 냄새를 걷어내고, 열심히 살다 한 해를 마감하는 고개 숙인 풀은 나의 부질없는 욕망을 꺾어버린다. 갈참나무 근처 무궁화 가로수 사이 추수를 마치고 듬성듬성 비어 있는 논바닥에는 가을 하늘의 맑은 기운이 가득하다. 동네 어귀 언덕에 살고 있는 갈참나무를 멀리서 바라보니 가을바람에 달콤한 낮잠을 즐기고 있다. 근처에 도착하니 허리 굽은 할머니가 어디서 왔냐고 묻는다. 세월의 깊이만큼 패인 할머니의 얼굴이 고향 부모님의 얼굴과 닮았다. 갑자기 나의 눈가에 이슬이 맺혀 갈참나무가 보이지 않는다.

이곳의 갈참나무를 만나러 온 게 얼마 만이던가. 그동안 무엇 하다 이제야 다시 찾았을까. 살금살금 문을 열고 성전聖殿으로 들어가니 갈참나무의 모습이 예전과 사뭇 달랐다. 그 웅장했던 모습은 사라지고 군데군데 가지가 부러진 상처가 선명하다. 크고 작은 상흔이 나의 작은 가슴을 후벼팠다. 7년의 세월이 600년 동안 별 탈 없이 살던 나무를 이토록 상처 낼 만큼 거칠었던가. 나무 품에 안기니 기하학적으로 뻗은 가지들로 보이지 않던 하늘이 보였다. 나는 나무를 안고 그동안 나무에 내려앉은 세월의 무게를 마음의 저울로 쟀다. 나무는 소백산보다 무거운 세월의 무게를 수백 년 동안 잘 견디다가도 어느 순간 몸을 간직하기 위해 가지를 버린다. 나무가 세찬 비바람에 가지를 버리는 것은 체념이 아니라 몸을 가볍게 하기 위한 지혜이자 비바람에 대한 예의다.

내가 이곳을 찾았을 때 갈참나무 밑동에 설치한 제사용 돌 위에 겨우살이 가지가 놓여 있었다. 예전에는 보지 못했던 장면이다. 어디서 겨우살이를 가져왔는지 궁금해서 나무 위를 바라보니 그곳에 겨우살이가 살고 있었다. 이곳 마을 사람들이 겨우살이 가지를 제사용으로 사용하는

경상북도 영주 갈참나무(천연기념물 제285호).

것은 켈트인의 종교인 드루이드교 신자들이 참나무를 신성하게 여겨 참나무에 기생하는 겨우살이를 신성하게 여긴 것처럼, 신목神木의 갈참나무에 살고 있기 때문이다. 아울러 참나무류, 버드나무, 밤나무, 자작나무, 팽나무 등에 사는 겨우살이는 특별한 존재다. 서양에서는 땅에 살지 않는 겨우살이를 마법에 걸리지 않는 나무로 생각했다. 수북하게 자라는 겨우살이의 모습은 다산多産을 상징한다. 이곳의 갈참나무가 600년 동안 살고 있는 것은 나무의 치열한 삶만큼 이곳 마을 사람들의 정성 덕분이다.

갈잎큰키 갈참나무가 살고 있는 공간은 언덕인지라 마을을 굽어볼 수 있다. 갈참나무는 매일 이곳 주민들의 일상을 지켜보고, 마을 사람들은 매일 갈참나무를 우러러보면서 하루를 보낸다. 갈참나무가 살고 있는 공간은 꽤 넓다. 양탄자처럼 푹신푹신한 풀을 밟으면서 강강술래 놀이를 하듯 나무 주위를 빙빙 돌면 600년간 내공을 쌓은 나무의 기운을 받을 수 있다. 남쪽으로 뻗은 가지와 나무 끝은 마치 연미복을 입은 지휘자를 연상케 한다. 음악을 의미하는 악樂이 참나뭇과의 상수리나무에서 유래했듯이 갈참나무도 세상에서 가장 아름답고 슬픈 음악을 만드는 존재다. 나무 주위를 빙빙 돌다가 땅에 닿을 듯한 가지를 잡고 잠시 마을 뒷산을 바라보면 온통 참나무 종류로 가득하다.

자유생장형의 버드나뭇과 나무들은 우리나라에 40여 종이 살고 있을 만큼 많다. 버드나무도 참나뭇과 나무처럼 우리나라에서 없어서는 안 될 소중한 나무다. 버드나무는 부드러운 성질 때문에 강인한 생명력을 상징한다. 버드나뭇과 나무는 버드나무를 비롯해 능수버들, 수양버들, 용버들, 왕버들, 갯버들, 호랑버들, 키버들, 양버들, 이태리포플러 등 주위에서

나무
철학

쉽게 만날 수 있다. 버드나뭇과의 특징 가운데 하나는 노란 꽃이다. 꽃은 버드나무처럼 잎보다 먼저 나오는 것도 있고, 능수버들처럼 잎과 동시에 나오는 것도 있다. 나는 운치 때문에 물가의 버드나무를 무척 좋아하지만, 무엇보다도 버드나무를 좋아하는 이유는 부드러우면서도 강인한 성질 때문이다. 버드나무는 한마디로 외유내강外柔內剛형이다. 부드러운 것이 강한 것을 이긴다는 '유승강柳勝强'을 강조하지 않더라도, 부드러우면서도 강한 존재는 매력적이다. 옛사람들도 버드나무의 외유내강적 성질을 알고 적극 활용했다. 한국과 중국 사람들은 버드나무에 귀신을 쫓고 사악한 기운을 제거하는 벽사력이 있다고 생각했다. 고구려 주몽의 어머니 '유화柳花' 부인이 물의 신 하백河伯의 딸이라는 점도 이 나무를 신령스럽게 생각했기 때문이다. 만주족이 버드나무를 천지개벽 및 인간 창조의 여신으로 숭배하고, 흉노족이 매년 용성에서 버드나무 가지를 세워 만든 제단에서 제사를 지낸 것도 모두 이와 같은 버드나무의 특성으로 인한 것이다.

고정생장형이든 자유생장형이든 각자의 특성을 잘 살려서 살아가는 것만큼 행복한 일도 없다. 이 세상에 특성 없는 존재는 없다. 자신의 특성을 알 수 있는 방법 중 하나는 자신의 몸을 잘 살피는 일이다. 나무의 특성을 알려면 나무의 껍질, 잎, 꽃, 열매 등을 잘 살펴야 하듯이, 사람도 자신의 몸을 잘 살펴야만 스스로의 특성을 알 수 있다. 그런데 의외로 사람들은 자신의 몸을 구체적으로 살피기보다는 몸무게가 몇 킬로그램인지 혹은 연예인과 자신을 비교해서 예쁜가를 판단하는 데 그친다. 인간이든 다른 동식물이든 몸은 자신의 현주소를 가장 적나라하게 보여주는 증거이고, 그 증거는 존재의 가치를 증명한다. 인류의 역사를 진화론적으로

왕버들나무.

바라볼 경우, 현재 인간의 몸은 가장 확실한 진화론적 증거이며 그 몸속에 한 존재의 현재와 미래가 숨어 있다. 따라서 부모에게 물려받은 자신의 몸을 사랑하는 자가 자신의 특성을 잘 알 수 있고, 그 특성을 잘 살려 살아가는 자는 이 세상에서 가장 행복한 존재다.

제23장

대쪽 같은
선비,
대나무의 삶

중도中道와 중용中庸의 철학

　　　　　　　　대나무만큼 난해하면서도 철학적인
나무도 참 드물다. 대나무가 사군자의 하나로 꼽히는 이유 역시 이 나무
에 담긴 철학적 의미와 무관하지 않다. 대나무가 난해한 것은 이 존재를
나무라 불러야 할지 풀이라 불러야 할지 헷갈리기 때문이다. 조선시대 윤
선도가 「오우가」에서 읊었듯이, 대나무가 나무인지 풀인지에 대한 논란은
지금도 계속되고 있지만 식물도감에서는 대나무를 나무로 분류하고 있다.
그런데 사실 엄격히 말하자면 대나무는 나무가 아니라 풀이다. 대나무
는 벼과에 속하는 데다 결정적으로 나무와 풀을 구분하는 기준인 리그닌
lignin, 즉 세포를 불리는 '목질소木質素'가 없다. 그래서 대나무는 죽순의 굵
기가 결국 평생의 굵기다. 대나무는 일반 나무처럼 묘목에서 자라서 부피
를 늘리지 못한다. 그런데도 식물학자들은 대나무를 나무로 분류하고 있

으니 난해한 것이다.

대나무가 난해한 또 한 가지 이유는 사람들이 일반적으로 대나무라 부르는 나무가 없다는 점이다. 그러니 사람들이 이야기하는 대나무는 이 세상에 존재하지 않는 셈이다. 대나무에는 왕죽, 맹종죽, 오죽, 솜대, 이대 등이 있지만 구체적으로 어떤 나무를 지칭하는지는 사람마다 달라서 알 수 없다. 다만 일반적으로 경상도와 전라도에서 쉽게 만날 수 있는 대나무는 키가 큰 왕대 혹은 맹종죽이다.

대나무의 중요한 특징은 비어 있다는 점이다. 나는 비어 있는 대나무의 특성에서 철학을 발견한다. 오동처럼 속이 약간 비어 있는 경우는 있지만 대나무처럼 완전히 비어 있는 나무는 한국에서 찾아보기 어렵다. 대나무는 속이 비어 있기 때문에 나이테가 없다. 물론 나이테의 유무를 나무와 풀을 구분하는 기준으로 삼는 것은 아니지만, 대나무처럼 나이테를 찾기 어려운 나무도 없다. 나이테가 있는 나무는 안에서 썩지만 대나무처럼 나이테가 없는 풀은 밖이 썩는다. 삶의 방식이 다르기 때문에 생기는 현상이다. 대나무 속은 전체가 비어 있는 것이 아니라 그 안이 일정한 간격으로 막혀 있다. 대나무의 막힌 부분을 절節, 즉 '마디'라 부른다. 대나무의 마디는 다른 나무에서 찾아볼 수 없는 중요한 특징이다. 옛사람들이 대나무를 사군자 중 하나로 꼽은 것도 마디 때문이다. 그들은 대나무의 마디에서 '절개節介'를 찾았다.

사람들은 대나무의 마디에서만 절개를 찾은 것이 아니라 잎과 줄기에서도 찾았다. 대나무의 푸른 껍질과 푸른 잎을 통해 늘 변하지 않는 모습을 상상했다. 그러나 대나무 가운데 왕대의 경우 껍질이 푸르지 않고 누른

나무
철학

색을 띤다. 오죽은 껍질이 검어서 붙은 이름이다. 그런데도 사람들은 대나무는 모두 껍질과 잎이 푸르다는 편견을 갖고 있다.

나는 대나무의 껍질이나 잎보다 마디에서 철학을 읽는다. 대나무의 마디는 일정 간격의 진공상태를 만드는 요소이자 가지와 잎을 만드는 중요한 장치다. 대나무의 마디 없이는 가지와 잎을 만들 수 없다. 그러니 대나무의 마디는 나무가 살아가는 핵심 요소다. 약간 볼록 튀어나온 마디는 일정한 간격의 '빔空'을 만들면서 대나무의 막힘과 열림을 만들어낸다. 나는 대나무의 이러한 특성이 불교의 공과 색, 색과 공이라 생각한다. 이 세상에 존재하는 모든 사물은 결국 공이다. 그러나 공은 이 세상에 존재하지 않는 그 무엇이 아니라 이 세상에 존재하는 모든 것이다. 색은 원래부터 존재하지 않기 때문에 공이고, 공은 언제나 변하는 만물이기 때문에 색이다. 대나무가 늘 푸르다고 생각하면 대나무를 정확하게 파악한 것이 아니다. 대나무는 언제나 푸르지 않다. 항상 변하기 때문에 푸르게 보이는 것이다.

대나무는 막혀 있으면서도 트여 있고, 트여 있으면서도 막혀 있다. 그러므로 대나무는 어느 한쪽에 치우치지 않는 중도中道와 중용中庸의 실천자다. 중도와 중용은 석가와 공자가 가장 이상적으로 생각한 경지다. 어느 한쪽에도 치우치지 않는다는 것은 중간에 서 있다는 뜻이 아니다. 일일마다 가장 적합한 상태를 판단해서 처신하는 것이 중도와 중용이다. 사람은 대개 어느 한쪽으로 기울기 쉽다. 인간은 다양한 관계 속에서 크고 작은 이해관계를 벗어나기 어렵기 때문에 중도와 중용을 실천하기가 쉽지 않다. 나는 대나무를 보면서 중도와 중용이 얼마나 중요한지를 배운다.

대나무는 매우 성깔 있는 존재다. 대나무를 세로로 자르면 아주 곧게 쪼개진다. 대나무가 세로로 쪼개지는 모습에서 '대쪽 같은 선비'라는 말이 생겼다. 대쪽 같은 선비라는 말은 단순히 곧게 쪼개지는 모습만을 일컫는 게 아니라 군더더기 없는 삶의 태도를 갖춘 사람을 뜻한다. 대나무가 쪼개지는 모습을 '파죽지세破竹之勢'라 부르지만, 나는 대나무가 쪼개지는 소리에서 선불교의 '할喝'을 듣는다. 파죽지세는 수행 과정에서 졸고 있는 사람의 등을 내리치는 죽비竹扉 소리와 같다. 대나무가 내는 소리는 속이 빈 진공상태, 마디와 밀접한 관계가 있다. 그런데 대나무를 칼로 쪼갤 때와 불에 태울 때 나는 소리는 다르다. 나는 고향이 남쪽인지라 주변에 대나무가 적지 않았다. 간혹 잘라놓은 대나무를 아궁이에 넣으면 나무 안에 있던 물기가 밖으로 나온다. 물기가 나오면서 내는 소리가 영어의 '밤부 Bamboo'다. 대나무는 아궁이에서 불을 만나 물을 품어내다가 한참 뒤에는 '꽝' 하는 소리를 낸다. 바로 대나무의 마디가 팽창하면서 터지는 소리다. 소리의 크기는 대나무의 크기에 따라 다르지만, 이때 반드시 아궁이를 피해 멀리 떨어져야 한다. 그렇지 않으면 아궁이에서 날아온 재가 얼굴로 튀어 부상을 입을 수 있다.

대나무의 마디가 불에 타면서 나는 소리는 사람들을 놀라게 만들었지만, 중국인들은 한층 다양한 상상으로 사람들을 더욱 놀라게 했다. 중국의 소수민족인 이족彝族, 고산족인 아미족雅美族과 토산족土山族은 대나무가 타면서 나는 소리에서 사람이 태어난다고 생각했다. 이족의 선조는 대나무가 폭발할 때 튀어나온 원숭이가 변한 것이고, 아미족의 선조는 대나무와 거석巨石에서 탄생한 여자와 남자가 혼인해서 낳았다고 생각했다. 또

나무
철학

한 창세신이 대나무로 만든 골격이 변해서 생긴 토산족의 선조가 최초의 인류라 믿었다. 특히 이족 최초의 인간이 대나무가 폭발할 때 탄생했다는 신화는 오늘날까지 중국인들이 결혼·출생·명절·경축일 등의 경사와 장례 때 즐겨 사용하는 폭죽과 깊은 관계가 있다. 이처럼 중국인들이 폭죽을 좋아하는 것은 그 소리가 악귀를 쫓는다고 믿기 때문이다.

대나무는 줄기도 마디가 있지만, 뿌리도 마디가 있다. 대나무의 이러한 특징은 다른 나무에서는 거의 찾아볼 수 있는 독특한 모습이다. 내 연구실에는 대나무 뿌리로 만든 지시봉이 걸려 있다. 뿌리의 마디도 줄기처럼 일정한 간격을 유지하고 있으며, 아주 매끈하다. 도교 경전인 『진고眞誥』에 따르면, 대나무는 북두칠성의 정기를 받았기 때문에 둥글면서 안은 비어 있고 윤이 나며, 땅속에 있을 때 깨끗하고 흰 자질을 기르고 뿌리를 뻗어 열매를 맺으면 휘게 된다. 대나무의 줄기와 뿌리가 매끈한 것은 결국 속이 비었기 때문이다. 나는 아직 대나무만큼 껍질이 매끈한 나무를 만나지 못했다.

누구나 군더더기 없이 살아가고 싶어하지만 이는 생각처럼 쉽지 않다. 군더더기 없이 살아가는 대표적인 나무인 대나무처럼 되기 위해서는 반드시 속을 비워야 한다. 그러나 현대인들은 아름다운 몸매를 만들기 위해 운동을 하고 다이어트 식품을 찾아 먹으면서도 음식의 유혹에서 벗어나기를 무척 어려워한다. 또한 요즘은 남녀 구분 없이 아름다운 피부를 만들기 위해 갖은 방법을 동원하지만, 사실 이보다 더 좋은 방법은 속을 비우는 것이다. 속을 비워야만 속이 편안하고, 그제야 숨을 제대로 쉴 수 있다.

나무
철학

대나무의 껍질이 매끈한 또 다른 이유는 번식의 방법 중 하나일지도 모른다. 다른 나무들은 대부분 열매로 번식하지만 대나무는 기본적으로 뿌리로 번식한다. 대나무는 다른 나무와 달리 보통 때 꽃을 피우고 열매를 맺지 않는다. 꽃을 피우고 열매를 맺는 과정은 한 생명체에게 엄청난 고통으로 다가온다. 사람도 마찬가지다. 그러나 대나무는 그런 고통을 겪지 않는다. 그렇다고 뿌리로 번식하는 대나무의 삶이 힘들지 않다는 말은 아니다. 다만 자식을 탄생시키는 과정이 다른 나무와는 다르다는 점을 강조할 뿐이다.

사람들이 대나무를 좋아하는 이유는 나무의 삶과 더불어 죽순竹筍 때문이다. 비온 뒤 대나무가 아주 길게 자라는 모습에서 따온 말인 '우후죽순雨後竹筍'처럼, 죽순은 지금도 중국요리에 필수로 들어가는 인기 식품이다. 대나무의 고장으로 잘 알려져 있는 사천이 고향인 중국 송나라 소동파는 유독 죽순을 좋아했다. 소동파가 죽순을 좋아한 이유는 무엇일까? 여러 겹으로 싸여 있는 죽순은 무엇보다도 그 맛이 담백하다. 죽순처럼 어린 줄기 전체를 맛볼 수 있는 경우는 거의 없다. 줄기 전체를 먹을 수 있으니 북두칠성의 기운을 온전히 몸에 담을 수 있다는 뜻일지도 모른다. 그래서 죽순은 사람들의 기를 길러주는 약과도 같았다.

나는 지금까지 대나무에서 꽃이 핀 장면을 두 차례 보았다. 행운일 수도 있고, 아픔일 수도 있다. 행운이라는 것은 평생 한 번 피는 대나무의 꽃을 보기란 여간 어렵기 때문인데, 특히 남쪽에 살지 않는 사람들은 일상에서 대나무를 쉽게 볼 수 없어서 꽃피는 장면을 볼 기회가 거의 없다. 설령 남쪽에 사는 사람일지라도 60년 혹은 120년 만에 한 번 핀다는 대

대나무 죽순.

나무의 꽃을 보기는 쉬운 일이 아니다. 또한 대나무가 많은 곳에 살고 있더라도 대나무가 평생 한 번밖에 꽃을 피우지 않는다는 사실을 모르면 꽃이 피어도 그것이 꽃인 줄 모르게 된다. 대나무는 더 이상 뿌리로 번식할 수 없을 때 꽃을 피우는데, 이는 일종의 마지막 발악이다. 누구나 한 번은 죽지만 대나무의 죽음은 특히 장엄하다.

대나무 한 그루가 꽃을 피우면 주변 나무들도 따라서 꽃을 피운다고 한다. 이는 어떻게 보면 집단 자살로 볼 수 있지만 결코 무모한 죽음은 아니다. 오히려 동지와 함께 죽는 것은 후손을 번식시키기 위한 희생정신이다. 대나무의 꽃은 곧 죽음을 예고하는 것이지만, 꽃으로 만들어진 열매는 숭고한 새 생명의 잉태를 의미한다. 대나무의 죽음이 끝이 아닌 시작인 것처럼 모든 생명체의 죽음은 또 다른 시작을 알리는 신호다. 우리 일상 역시 매일 죽여야 할 것과 살려야 할 것이 있기 때문에 끝과 시작은 반복된다. 그런데 중요한 건 두 가지가 따로 있는 게 아니라 죽여야 할 자리에 살려야 할 것이 존재한다는 점이다. 나무를 자른 자리에서 새순이 돋아나듯이, 인간의 삶도 일정하게 무언가를 죽여야만 새로운 것이 돋는다. 이를 굳이 욕망이라 부르지 않더라도 인간의 능력은 유한하기 때문에 매 순간 어떤 것을 죽이지 않고서는 새로운 무언가를 기대하기 어렵다.

나무는 자신의 에너지를 가늠해서 '해거리'한다. 에너지를 가늠하지 않은 채 해마다 많은 열매를 만들어내다가는 오히려 자신이 죽을 수도 있다는 것을 나무는 잘 안다. 죽을 때까지 채워도 늘 부족한 게 욕망이거늘, 욕망을 죽이지 않고 계속 채우려 한다면 결국 욕망의 무게에 눌려 쓰러질 것이다. 욕망을 없애는 것을 '마음을 비운다'고 하지만, 이를 비우려

대나무 꽃.

는 마음마저도 욕망인 것은 아닐까. 그러니 욕망은 삶에서 매우 중요한 화두가 아닐 수 없다. 나는 욕망을 없애는 것 자체가 불가능하다고 믿는 사람이다. 욕망을 없애겠다고 마음먹는 순간 또 다른 욕망이 솟구친다. 유사 이래 많은 현인이 어떻게 욕망을 다스릴 것인가 하는 문제에 대해 나름의 방법을 제시해왔지만, 욕망의 늪에서 헤어나기란 여전히 쉽지 않다. 욕망을 다스리는 일을 평생의 업으로 삼고 있는 수도승조차도 쉽게 해결할 수 없는 게 욕망인데 하물며 많은 유혹에 부딪치며 살아가는 보통 사람들이야 말할 것도 없다. 그렇다고 해결 방법이 전혀 없는 것은 아니다.

대나무는 자신의 정체성을 둘러싼 사람들의 논쟁에도 흔들림 없이 살아가고 있다. 인간이 욕망의 고통에서 벗어날 수 있는 방법은 대나무를 닮는 것이다. 욕망을 고통이라고 생각하면 할수록 욕망의 늪에서 빠져나오기는 힘들다. 살아 있다는 자체가 욕망일진대 어떻게 욕망의 늪에서 벗어날 수 있겠는가. 오로지 자신의 능력에 따라 길을 걸어가는 자는 욕망에서 온전히 벗어날 수는 없을지언정 적어도 욕망의 고통에서는 벗어날 수 있을 것이다. 어디에 관심을 두느냐에 따라, 즉 욕망의 대상을 어떻게 설정하느냐에 따라 욕망의 고통은 달라진다.

제24장

나만의
속도
찾는 법

대 추 나 무 의   철 학

　　　　　　　　　　현대사회는 속도전이다. 매일 '빨리빨리'를 외치며 살아간다. 짧은 시간 안에 누가 더 많은 일을 하는가를 기준으로 성공과 실패를 가르고, 거의 모든 것의 기준은 생산성生産性이다. 생산성이 떨어진다고 판단되는 사람은 현대사회에서 살아남기 힘들다. 기업은 오로지 생산성을 높이기 위해 사람보다 기계를 선호하고, 사람이 기계보다 못할 경우에는 가차 없이 잘라버린다. 직장인들은 언제 자신이 잘릴지 모른다는 불안감으로 매일을 떨면서 출근한다. 나이를 먹을수록 생산성은 떨어질 수밖에 없다. 오늘날은 50대는 물론 40대조차도 회사에 남아 있기 어려운 상황이다. 회사에서 쫓겨난 사람들은 자신의 자리를 찾기 위해 자영업을 시작하고, 그 결과 우리 사회는 자영업자로 넘쳐난다. 공급이 많으니 성공할 확률은 현저히 낮아지고 실패하는 사람들은 늘어간다.

이러한 악순환의 고리를 어떻게 끊을 수 있을까.

속도를 중시하는 사회에서 여유를 갖고 생활하기란 무척이나 어렵다. 밥이 남는 경우를 일컫는 '여유'라는 단어는 농업사회의 산물이다. 그러나 오늘날은 농업사회가 아닌 '유목사회'다. 먹을 것을 찾아다니는 유목사회가 인간의 여유를 가져가버렸다. 전통적인 유목사회는 일정 기간 동안 머물렀기 때문에 여유가 있었지만, 지금은 머물지 않고 계속 돌아다니기 때문에 여유를 찾기란 쉽지 않다. 여유는 많을 것을 받아들인다는 뜻인데 현대인은 이를 받아들일 충분한 겨를이 없다.

나무는 유목의 삶이 아니라 농업적인 삶이다. 절대다수의 소농 경영체제였던 중세사회의 농업은 가족노동을 통해 이루어졌고, 이 같은 경영체제에서는 생산성만을 최고로 삼지는 않았다. 그러나 자본주의적 농업은 기업과 마찬가지로 생산성을 강조한다. 나무의 삶이 농업적이라면 이는 자본주의적 농업이 아니라 봉건시대의 농업적 삶이다. 나무는 생산성을 따지면서 살아가지 않는다. 그러나 나무의 경제적 가치를 생각하는 사람들은 나무의 생산성을 따지고 든다. 요즘 생태에 대한 관심이 높아지면서 나무의 수요가 많이 늘어나 수종에 따라서는 공급 부족 현상까지 벌어지고 있다. 돈벌이에 목숨을 거는 사람들은 나무로 눈을 돌려 빈 땅에 나무를 심어 자신의 수입을 올리고 있다. 여행을 하다 보면 도로 주변 곳곳에 묘목을 심어놓은 현장을 목격할 수 있다. 이는 보통 각 지자체에서 선정해주는 나무인데, 현재 우리나라 지자체는 숲 가꾸기에는 혈안인 반면 나무 종을 선정하는 데는 별로 관심이 없다. 나무를 돈벌이로 생각하는 사람들은 그저 지자체가 지정해준 나무를 심을 뿐이다.

나무
철학

빠른 속도에 익숙해진 사람들이 대추나무의 잎을 보기란 좀처럼 어렵다. 갈매나뭇과의 갈잎작은키 대추나무는 잎이 아주 늦게 돋는다. '대조 大棗'라는 한자에서 이름이 유래한 대추나무는 잎이 달걀형이고, 잎의 뒷면을 보면 아랫부분에 3개의 큰 잎맥이 선명하다. 어린 시절 이 나무의 잎으로 손과 발을 씻었던 기억이 생생하다. 비누가 아주 귀했던 시절, 대추나무 잎을 따서 돌로 찧으면 거품이 났고 이를 비누로 사용할 수 있었다. 대추나무의 잎은 봄에 다른 나무들이 모두 잎을 만든 뒤에 혹시 이 나무가 죽은 건 아닌지 궁금할 정도로 늦게 돋는다. 대추나무는 잎을 늦게 만들기 때문에 '양반나무'라는 별명이 붙었다. 잎이 늦게 돋는 대추의 생태가 양반이 느릿느릿하게 걷는 모습과 닮아서 붙인 별명이 대추나무의 입장에서 보면 달갑지만은 않을지도 모르겠다.

한 그루의 나무가 꽃과 잎을 피우는 시기는 자기 선택이다. 대추나무 역시 잎을 피우는 시기는 오로지 대추나무의 생리적인 선택이자 삶의 방식이다. 대추나무는 다른 나무에 비해 잎을 늦게 피우지만 나무의 삶 자체가 느린 것은 결코 아니다. 느림과 빠름은 상대적인 표현이다. 잎이 일찍 돋는지 늦게 돋는지는 사람 눈으로 봤을 때 시간의 순서에 지나지 않지만, 대추나무의 입장에서는 오로지 자신의 생체리듬에 따라 움직일 뿐이다. 대추나무 잎은 늦게 돋아야만 자신만의 열매를 맺을 수 있다. 대추나무의 생체리듬을 파악하고자 하면, 꽃이 언제 피고 열매를 언제 맺는지를 보면 된다. 대추나무의 잎이 돋고 나면 겨드랑이에 아주 날카로운 가시와 2~3개의 황색 꽃이 핀다. 가시는 황색 꽃을 보호하기 위한 장치일 수도 있다. 꽃은 마치 잎에 싸인 아주 예쁜 '꽃과자' 같다. 열매는 꽃이 핀 자리에 열

대추나무의 잎과 꽃.

리고 100일 정도 지나면 붉게 익는다. 이처럼 대추나무는 잎이 늦게 돋을 뿐 열매가 익는 시기는 다른 나무와 크게 다르지 않다.

결실은 치열하게 산 자의 몫이다. 대추는 결실의 상징이다. 그래서인지 대부분의 사람은 대추나무 잎보다는 열매를 기억한다. 대추나무처럼 열매 혹은 열매의 씨앗이 많이 들어 있는 나무는 주로 다산多産의 상징으로 여겨졌다. 그래서 옛사람들은 대추나무에 열매를 많이 열리게 하기 위해 '시집보내기'까지 했다. 나무는 대체로 암수동체이지만, 열매를 맺는 나무는 여성성을 지녔다고 생각했다. 오월 단오절 정오에 대추나무의 갈라진 줄기에 남자의 성기를 상징하는 돌을 끼우거나 도끼와 낫으로 줄기에 상처를 내는 일을 '시집보내기'라 했다. 이러한 풍속은 얼핏 미신쯤으로 들릴지 모르지만 나름대로 과학적인 근거가 있다. 옛사람들은 현대인과 달리 일상을 나무와 함께했기 때문에 나무에 대한 풍부한 경험과 지식을 갖추고 있었다. 나무 열매는 나뭇가지 속에 탄수화물이 축적된 양이 질소의 양보다 많을 때 많이 맺히고 맛도 좋다. 나무줄기에 돌을 끼우거나 상처를 내면 뿌리에서 흡수되어 올라가는 질소의 양을 상당히 막아주는 반면 잎에서 만들어진 탄수화물은 내려가기 어려워 많은 열매가 맺힌다.

사람들이 이와 같은 풍속을 따르며 대추나무의 열매를 원했던 것은 많은 후손을 얻고자 하는 기원에서였지만, 그중에서도 특히 아들을 얻기 위한 갈망이었다. 아들을 후손을 만드는 씨앗이라고 여겼기 때문이다. 결혼식에서 폐백을 할 때 시부모가 신부에게 대추를 던져주는 풍속은 아직도 남아 있으니, 신부는 대추의 의미를 알고 있을까. 익은 대추는 폐백 때뿐만 아니라 유교의 제사 때도 여전히 사용되고 있다. 제사에서 대추를 사용하는 이유는 대추가 붉고 씨앗이 한 개이기 때문이다. 붉고 하나뿐인 씨앗은 조상을 향한 후손들의 일편단심을 상징한다. 그런데 이렇게 대추나무 열매를 긴요하게 사용하면서도 또 한편으로는 작고 보잘것없는 물건을 가리킬 때 '콧구멍에 낀 대추씨'라는 말을 쓰기도 한다. 대추나무 열매에 대한 이중적인 가치 평가는 어떤 대상을 입장에 따라 극과 극으로 평가한다는 사실을 보여준다. 크기는 작아도 쓸모가 있듯 세상에 보잘것없는 물건은 없다. 대추나무 잎이 천천히 돋는 것이 자신의 생체리듬에 맞게 움직이는 모습인 것처럼 열매도 결코 크고 작음이나 맛의 여부만으로 그 가치를 결정할 수 없다. 열매의 크기는 나무의 필요에 따라 결정되는 것이지 사람과는 무관하다. 그러나 인간은 자신의 입장에 잘 맞으면 쓸모 있는 열매이고 그렇지 않으면 보잘것없다고 평가해버린다. 나무 열매에 대한 이러한 평가가 단순히 나무에 그치는 것이라면 목소리를 높이지 않겠지만 사람, 나아가 세상일에 대한 평가로 이어질 수 있기 때문에 아주 신중해야 한다. 현재 우리가 자주 쓰는 속담은 대부분 농업사회의 식물에 대한 본초학적인 차원에서 만들어진 것이다. 따라서 식물을 생명체로 바라보지 않은 시대에 만들어진 속담은 신중하게 사용할 필요가 있다. 무의식중에 식물에 대한 오해를 낳을 수 있고, 식물에 대한 오해는 결국 생명체에 대한 오해를 낳기 때문이다.

대추나무는 중부 지역과 남부 지역 언덕에서 흔히 볼 수 있지만, 요즘은 열매로 건강식품을 만드느라 논과 밭에서도 종종 볼 수 있다. 그러나 대추나무는 '빗자룻병'에 한번 걸리면 2~3년 만에 죽어버리고 만다. 많은 물을 싫어하는 대추나무는 탄저병에도 잘 걸린다. 충청북도 보은은 대

나무
철학

추나무가 많고 맛도 가장 좋은 고장이다. 이 고장의 대추는 딸을 시집보낼 자금을 만들 수 있을 만큼 수확량이 많았다. 그러나 비가 많이 오면 수확량이 줄어들어 시집조차 갈 수 없었는데, 그래서 "비야 비야 오지 마라, 대추 꽃이 떨어지면 청산 보은 시악시(색시의 방언) 시집 못 가 눈물 난다"는 노래가 생길 정도였다.

나의 고향에도 적지 않은 대추나무가 있지만 주로 언덕에 살고 있을 뿐, 밭과 논에는 심지 않았다. 그런데 언덕에 살고 있는 대추나무일지라도 이른바 '빗자룻병'에 걸리면 제사 때도 사용할 수조차 없을 만큼 수확량이 적어 열매가 귀했다. 여름철에 소를 먹이러 가면 키가 작고 열매도 작은 멧대추나무 열매를 따먹을 기회가 있긴 했지만 그마저도 바위틈에서나 만나볼 수 있을 뿐 흔히 볼 수는 없었다. 멧대추의 열매를 딸 때는 대추나무의 열매보다 가시에 훨씬 조심해야 한다. 그렇지 않으면 열매를 따다가 가시에 손이 찔려 피를 볼 수 있다.

대추나무 열매는 약방의 감초처럼 많은 약을 중화시켜준다. 대추나무의 열매가 약을 중화시켜주는 것, 잎이 늦게 돋는 것 모두 나무가 게을러서가 아니라 나무가 치열하게 살아가는 한 방식이다. 게을러서 잎을 늦게 만든다면 몸이 어설퍼야 할 텐데 대추나무는 일찍 잎이 돋고 열매를 맺는 그 어떤 나무보다 단단하다. 그래서 야무지고 단단한 사람을 대추나무에 비유하고, 때로는 어려운 일에 잘 견디어 단단하고 모진 사람을 '대추방망이'라 하기도 하지만, 나는 대추나무처럼 모진 사람을 좋아한다. 사람은 모진 구석이 있어야만 험한 세상을 살아갈 수 있다. 대추나무의 회색 껍질은 사람의 손으로 만지면 아플 정도로 거칠다. 세로로 불규칙하게

나무
철학

갈라지는 껍질을 보면, 단단한 속을 보호하려는 나무의 삶이 얼마나 힘든 지가 보인다.

벼락 맞은 대추나무로 도장을 만들면 살아가면서 만나게 되는 사악한 기운을 막을 수 있다고 믿는 사람들도 있다. 왜 하필 벼락 맞은 나무 중에서도 대추나무를 선호할까. 도장을 만들기 위해서는 나무 조직이 아주 단단해야 하기 때문에 도장을 만들 수 있는 나무는 그리 많지 않다. 대추나무는 회양목처럼 조직이 아주 단단해 도장을 만드는 데 적격이다. 도장은 살아 있는 나무에도 새길 수 있지만 벼락 맞은 나무가 한층 좋은 데, 벼락 맞은 나무는 곧 천벌天罰을 받은 존재이며 천벌을 받은 나무에 자신의 이름을 새기면 면죄부와 같은 역할을 하기 때문이다. 이러한 생각은 참 영악한 발상이 아닐 수 없다. 다른 존재의 불행을 통해 자신의 행복을 얻으려는 얄팍한 생각으로는 결코 행복을 지킬 수 없다.

삶의 리듬은 행복의 리듬이다. 삶의 리듬은 합창과 같다. 소프라노는 소프라노대로, 테너는 테너대로 각자의 음역을 잘 소화해 충실하게 쏟아낼 때 아름다운 소리를 만들 수 있다. 만약 자신의 음역을 놓치고 다른 사람의 음역을 따라가면 합창은 불가능하다. 여럿이 함께 만들어가는 합창에서 자신의 음역을 유지하는 것은 결코 쉽지 않지만, 오로지 자신의 음역에 집중하면서 다른 사람과의 조화를 이룰 때 멋진 합창이 나온다. 함께 한목소리를 만들어내기 때문에 아름답고, 또 한편으로는 자신의 음역을 잃지 않으면서 동시에 조화를 이루기에 더욱 아름답다.

제25장

볼품없는 나무에
단단한 열매가
맺힌다

모과나무의 철학

인생에서 실패란 없다. 그러나 사람들은 아주 쉽게 실패와 성공을 구분한다. 방송과 신문에서는 소위 실패한 사람들을 위해 각 분야에서 성공한 사람을 모델로 소개한다. 그들이 말하는 성공한 사람들은 사업으로 돈을 많이 벌었거나 어떤 분야에서 일가를 이루었거나, 좋은 직장을 얻은 자들이다. 물론 이들은 성공한 사람이지만 여기에 속하지 않는다고 과연 실패한 사람일까. 한때 '루저loser'라는 말이 유행했다. '실패'를 뜻하는 이 단어는 많은 사람에게 상처를 주었다.

세상은 얼굴이 못생긴 사람이나 키가 작은 사람도 실패자로 낙인찍는다. 나는 세상의 잣대에 비춰보면 분명 실패자다. 나는 얼굴도 못생겼고 키도 작기 때문에 평생 실패자로 살아가야 마땅하다. 나는 40살 정도까지 세상 사람들이 생각하는 성공과 실패의 잣대에서 크게 벗어나지 못했다.

그러나 나무를 공부하면서부터 나의 약점이 결코 성공과 실패의 요소가 아니라는 것을 깨달았다. 얼굴이 못생겼다는 것은 지극히 주관적인 판단이자 시대적인 판단이다. 사람마다 잘생긴 기준이 다르고, 시대마다 미인의 기준도 다르다. 더욱이 잘생긴 얼굴이 반드시 행복을 가져다주거나 능력이 있음을 의미하지는 않는다.

나는 얼굴 중에서도 눈썹 윗부분이 앞으로 튀어나온 게 늘 불만이었다. 그래서 이마가 반반한 사람을 부러워했다. 튀어나온 부분을 감추기 위해 머리카락을 앞으로 내렸지만, 곱슬머리 때문에 그것마저 여의치 않았다. 곱슬머리는 두 딸에게까지 유전되어 딸들 역시 자신의 약점을 감추느라 매일 아침 학교 갈 때마다 적지 않은 시간을 머리에 투자한다. 머리 뒤쪽의 제비초리는 곱슬머리만큼 나를 위축시키는 데 큰 몫을 담당했다. 학창 시절에는 제비초리를 감추기 위해 한여름에도 옷깃을 위로 올리고 살아야만 했다.

나무는 나에게 '약점이 최고의 경쟁력'이라는 점을 일깨워주었다. 소위 콤플렉스 없이 살아가는 사람은 없다. 사람들이 부러워하는 미남 미녀들도 말 못할 콤플렉스를 안고 살아간다. 그러나 콤플렉스는 결코 감출 수 없다. 많은 사람이 콤플렉스를 감추는 가장 현실적인 방법으로 성형을 택한다. 그래서 이제 성형은 연예인만의 전유물이 아니라 일반인들도 과감하게 많이 시도하는 일반적인 현상이 되었다. 사람들은 성형을 통해서 자신의 약점을 감추고 기대하는 무언가를 얻을 수 있다고 믿는다. 그러나 성형한다고 해서 영원히 자신의 콤플렉스를 감출 수는 없다. 예컨대 자식을 낳는 경우가 그렇다.

나무
철학

콤플렉스를 현상적으로 감춘다는 것은 불가능하지만, 마음으로 감추는 것은 가능하다. 스스로 느끼지 않으면 자연스럽게 감춰지기 때문이다. 이는 아주 간단하다. 콤플렉스를 인정하면 그만이다. 사람들이 자신의 콤플렉스를 인정하지 못하는 것은 무엇보다도 스스로에게 당당하지 않기 때문이다. 당당하면 수많은 약점을 안고도 수월하게 살아갈 수 있다. 자신에게 당당한 것은 결코 오만이 아니다. 스스로를 진정 사랑하는 자는 당당하다. 누구나 각자의 모습을 타고났을 뿐인데 왜 그것을 꼭 약점으로만 생각하는가. 심지어 장애를 가지고 태어나는 사람도 실패자가 아니다. 부모에게 받은 몸은 그 자체로 아름답고 위대한 것이다.

『장자』 외편 「산목山木」 편에는 성공과 실패의 이분법적 사고에 예리한 칼날을 들이대는 다음과 같은 우화가 등장한다.

> 장자가 산중을 지나다가 큰 나무를 보았다. 가지와 잎이 무성했다. 마침 나무꾼이 곁에 서 있었지만 베지 않는 것을 보았다. 장자가 까닭을 물으니 나무꾼은 쓸데가 없다고 대답했다. 장자는 말했다. '이 나무가 쓸데없었기 때문에 1000년을 마칠 수 있었구나!'

이는 장자의 유명한 무용지용無用之用, 쓸모없음의 쓸모 있음에 관한 우화다. '굽은 나무가 선산을 지킨다'는 우리나라 속담처럼, 무용지용은 이 세상에 쓸모없는 존재란 없다는 것을 일깨워준다. 나는 개그 관련 프로그램을 즐겨 보는데 대부분 얼굴이 못생긴 사람들이 나와 외모로 관객을 웃기면서 자신의 능력을 마음껏 발휘한다. 그들은 못생긴 얼굴에 당당한 사람들이다. 이를 통해 자신의 삶을 개척해나가는 사람들이다. 나는 그런 모습이 정말 아름다워 보인다.

모과는 늘 '못난이'의 대명사로 불린다. 장미과에 속하는 모과나무의 한자 '목과木瓜'는 열매가 오이를 닮아 붙여진 이름이다. 모과나무의 원산지인 중국에서는 이 나무를 2000년 전부터 재배했지만, 우리나라엔 고려 이전에 들어왔다. 사람들은 모과나무의 열매를 못난 것에 비유하면서도 모과차를 즐기고, 철마다 집과 승용차 안에 모과를 두면서 공기를 정화시킨다. 모과는 모양이 울퉁불퉁한 게 특징이지만, 사람들은 그런 특성보다는 향기만을 높이 평가한다.

모과는 익으면 아주 단단하다. 과일이면서도 이빨로 벨 수 없을 만큼 단단하다. 그만큼 모과의 속은 꽉 차 있다. 그러나 신맛이 아주 강해서 날것으로 먹기는 어렵다. 모과나무 아래에서 간혹 검게 썩은 열매를 발견할 수 있다. 모과는 속이 단단해서 다른 동물들도 먹기가 쉽지 않다. 그래서 모과가 후손을 남기려면 땅에 떨어져 썩은 뒤에야 속에 있는 씨앗을 발아할 수 있다. 모과의 씨앗이 땅에서 발아하려면 적지 않은 시간이 필요하다. 그런데 모과는 썩어도 고약한 냄새를 거의 풍기지 않는다. 속이 단단해서 굳이 고약한 냄새를 만들지 않아도 씨앗을 보호할 수 있기 때문일까. 떨어진 열매마저 고약한 냄새를 풍기지 않는 모과나무는 참 깨끗한 존재다. 사람을 비롯한 동물의 몸은 죽어서 썩으면 고약한 냄새를 풍기지만, 모과나무는 몸은 물론 썩은 열매의 냄새도 향기로우니 얼마나 정결한 존재인가.

모과의 진한 향은 그냥 생기지 않는다. 열매를 맛보려면 반드시 꽃이

나무
철학

피어야 하는데 대부
분 사람은 5월에 피
는 모과나무의 꽃을
기억하지 못한다. 그러나
연한 홍색의 모과나무 꽃
은 마음이 시리고 눈물이
핑 돌 만큼 아름답다. 장
미과인 모과 꽃은 꽃잎
이 다섯 장이다. 모과 꽃
은 잎에 가려서 잘 보이지 않

모과.

지만, 모과를 못난이로 생각하지 않
는 사람이라면 쉽게 볼 수 있다. 한 생명체
의 존재를 진정 사랑할 줄 아는 사람은 결코 모과나무의 꽃만 보지 않는
다. 봄에 모과나무의 몸 상태를 살피면 이 나무가 어떤 존재인지 정확하
게 알 수 있다. 꽃이 필 무렵이 되면 모과나무에 물이 오르면서 껍질이 축
축해진다. 그런 다음 꽃을 피우는 일이 힘겨운지 일부의 껍질이 벗겨진다.
이때 모과나무의 속을 볼 수 있다. 껍질이 벗겨진 모과나무의 속살은 노
랗다. 노란 속살은 너무 청순해서 숨이 막힐 지경이다. 이는 꽃을 만들기
위한 산고産苦 과정에서 드러난 것이지, 누군가에게 보여주기 위한 것이 아
니다. 산고의 과정이 얼마나 고통스러운지는 아기를 낳아본 사람만이 안
다. 나는 그 고통을 짐작만 할 뿐 정확하게 알 수는 없다. 모과나무의 속
을 볼 수 있는 기회는 단지 꽃을 피우는 기간뿐이다. 그 기간은 길지 않

모과나무 꽃.

다. 짧게 속을 보여준 뒤, 모과나무의 노란 속은 서서히 다른 색으로 변하면서 감추어져 1년 동안 더 이상 볼 수 없다. 모과나무가 노란 속을 감추지 않으면 병균이 들어가 죽을 수도 있다.

모과나무는 주변에서 쉽게 만날 수 있다. 그만큼 요즘 모과나무를 많이 심는다. 나는 전국의 모과나무 중에서도 경상북도 칠곡군의 송림사 말사인 도덕암에 살고 있는 모과나무를 즐겨 찾는다. 수백 년 동안 살고 있는 이곳의 모과나무는 오랜 세월 풍파를 이기느라 온몸이 울퉁불퉁하다. 나이 많은 모과나무의 껍질은 열매와 아주 닮았다. 수백 년을 살면서도 아직도 꽃을 피우고 열매를 맺는다. 모과나무는 꽃과 열매만이 아니라 잎도 아주 아름답다. 꽃과 함께 피는 잎은 타원형이면서 가장자리에 잔톱니가 있다. 잎 뒷면에는 털이 있지만 점차 사라진다. 모과의 잎은 가을에 노랗게 물든다. 그래서 모과나무는 잎과 열매와 줄기 속이 온통 노란색이다. 이처럼 속과 겉이 온통 노란색을 띠는 경우는 찾아보기 어렵다.

나는 모과의 잎과 열매가 모두 떨어진 뒤, 겨울에도 간혹 모과나무를 찾는다. 산고의 흔적을 다시 한번 보기 위해서다. 모과나무는 산고의 흔적 때문에 껍질이 얼룩덜룩 반점투성이다. 나는 이 껍질 반점을 무척 좋아한다. 반점은 한 생명체가 살아가면서 남긴 흔적이다. 한국을 비롯한 아시아 국가의 사람들이 대부분 몽고반점을 가지고 있고 몽고반점이 한국인의 정체성이듯이, 반점은 한 생명체가 살아갈 수 있도록 하는 힘일지도 모른다.

삶은 어떤 흔적이든 남길 수밖에 없다. 어떤 모양이든 그 흔적은 아름답다. 남긴 흔적은 사람마다 각각 다르기에 더욱 아름답다. 역사책에는

역사에 큰 흔적을 남긴 사람만이 기록되어 있지만, 인류의 역사는 역사책에 기록된 사람들만의 것이 아니다. 인류의 역사는 오히려 역사책에 기록되지 않은 사람들의 흔적으로 이루어졌다. 그들의 흔적이 보이지 않는다고 그 흔적이 없었던 것은 아니다. 모든 사람이 자신의 흔적을 기록하지는 않듯이, 모든 나무가 모과나무처럼 산고의 흔적을 밖으로 드러내는 것은 아니다. 대부분의 나무는 흔적을 밖으로 드러내지 않으면서도 엄청난 고통의 흔적을 통해 살아간다. 흔적이 요란하지 않다고 열심히 살지 않은 게 아니듯이.

겉으로 보이는 흔적의 여부는 중요하지 않다. 기록의 여부도 중요하지 않다. 중요한 것은 각자의 삶마다 그만한 가치의 흔적을 반드시 남긴다는 점이다. 삶 자체가 아름다운 흔적이거늘 무엇을 보태고 덜겠는가. 그저 열심히 살아가는 것이 성공의 아름다운 과정인 것을.

제26장

2000년 만에
피는
꽃

목련의 철학

한 송이의 국화꽃을 피우기 위해
봄부터 소쩍새는
그렇게 울었나 보다

한 송이의 국화꽃을 피우기 위해
천둥은 먹구름 속에서
또 그렇게 울었나 보다

그립고 아쉬움에 가슴 조이던
머언 먼 젊음의 뒤안길에서
인제는 돌아와 거울 앞에 선

내 누님같이 생긴 꽃이여

노오란 네 꽃잎이 피려고
간밤엔 무서리가 저리 내리고
내게는 잠도 오지 않았나 보다

   수업시간에 외웠던 서정주의 「국화 옆에서」가 당시에는 무슨 뜻인지 정확하게 몰랐다. 식물은 한 송이 꽃을 피우기 위해서 긴긴 시간을 보낸다. 나무는 오로지 한 송이 꽃을 피우기 위해 모든 에너지를 쏟는다. 일본에서는 연꽃 씨가 2000년 동안 땅속에 있다가 꽃을 피웠다. 우리나라에서는 700년 고려시대의 연꽃 씨가 발아해서 꽃을 피웠다. 어떻게 이런 일이 가능할까. 연꽃 씨가 2000년과 700년 동안 죽지 않고 꽃을 피울 수 있었던 것은 씨앗이라는 생명체와 흙이라는 생명체가 만났기 때문이다.

   식물의 열매는 땅에 떨어져 싹을 틔울 조건이 되지 못하면 수백 년 이상 땅속에서 싹을 틔울 기회를 기다린다. 그러려면 한순간도 희망을 버려서는 안 된다. 지진이나 동굴 붕괴로 갇힌 사람이 기적적으로 살아남을 수 있는 이유도 희망을 버리지 않기 때문이다. 2000년 동안 땅속에 있었던 씨앗만큼 치열한 삶이 있을까. 그런데 연꽃 씨처럼 모든 생명체의 종자는 그런 에너지를 가지고 있다. 종자 속에 들어 있는 에너지가 밖으로 나오기 위해서는 다른 존재들의 눈에는 보이지 않는 몸부림이 필요하다. 살아남으려는 강한 의지 없이 그냥 땅속에 있다고 해서 꽃을 피우는 것은 아니다. 아무리 오래 땅속에 있더라도 스스로 강한 의지가 없다면 그저

나무
철학

하나의 씨앗에 불과할 뿐, 꽃을 피우기는 어렵다. 만약 꽃을 피울 수 없다면 그 종자는 종자로서의 가치가 없으며 죽은 존재와 다를 바 없다.

　지구 곳곳에서 발생하는 산불은 그동안 가꾼 숲을 한순간에 재로 만들어버리는 재앙이지만, 생명의 씨앗을 세상 밖으로 내보내기 위해 수십 수백 년 기회를 엿보고 있던 종자에게는 절호의 기회다. 산불로 숲이 사라진 곳에 잠시 정적이 흐르고 나면 놀라운 광경을 볼 수 있다. 그동안 숲에서 볼 수 없었던 새로운 생명체들이 잿더미 속에서 돋아난다. 평소에 볼 수 없던 생명체들이 땅속에서 나타나는 광경은 정말 놀랍다. 그래서 특별한 경우가 아니면 산불로 사라진 곳에는 인위적으로 특정 나무를 심지 않는 게 바람직하다. 다시 나무를 심으면 땅속에서 수백 년 동안 산불이 나기를 기다렸던 종자들이 세상 구경할 기회가 없어진다.

　기회는 공짜로 오지 않는다. 땅속의 종자들은 그 순간을 위해 수백 년을 기다렸다. 그래서 나는 소위 '운運'을 믿지 않는다. 이 세상에는 운이라는 게 없다. 내가 운이 좋아서 시험에 합격하고 로또에 당첨되고, 승진하는 경우는 있을 수 없다. 나의 몫은 내가 만들 뿐이지 다른 존재가 줄 수는 없다. 운을 믿는 사람은 사주팔자를 신뢰한다. 일이 잘 풀리지 않을 때 '철학관'을 찾지만, 철학관에서 일러주는 '처방'은 대개 생활태도에 관한 것이다. 만약 구체적으로 조상을 거론하거나 돈을 들여서 무언가를 하라고 요구하면 그 사람은 분명 사기꾼이다. 일을 할 때마다 잘 풀리지 않는 사람들은 운을 운운하면서도 자신의 태도에 대해서는 크게 성찰하지 않는다. 2000년 동안 땅속에 있던 연꽃 씨가 그냥 놀다가 우연히 햇빛을 보았다고 해서 꽃을 피울 수 있는 것은 아니다. 땅속의 연꽃 씨앗은 언젠가 밖으로 나갈 수 있다는 희망으로 매일을 땅 밖의 식물처럼 치열하게 살았던 것이다.

　나무 중에 목련과의 갈잎큰키목련은 연꽃을 닮아서 붙여진 이름이다. 그래서 목련은 나무 연꽃을 의미한다. 백목련, 자목련, 별목련 등 다양한 목련은 모두 꽃이 연꽃을 닮았다는 공통점이 있다. 우리나라에서 다양한 종류의 목련을 보려면 천리포수목원에 가야 한다. 충청남도 태안군의 천리포 해수욕장에 있는 이 수목원은 우리나라 사설 수목원 중 가장 많은 식물종을 보유한 곳이다. 천리포수목원이 세계에서도 유명한 식물원으로 평가받을 수 있었던 것은 설립자인 민병갈(1921~2002)의 헌신적인 노력 덕분이었다. 민병갈은 미국계 귀화 한국인이다. 칼 페리스 밀러Carl Ferris Miller는 1979년 그가 귀화하기 전의 이름이다. 나는 이 수목원에 한 번밖에 가보지 못했지만 아직도 이곳의 목련을 잊을 수 없다. 이곳에는 목련만 450여 종이 있으며, 세계목련학회가 열렸을 정도로 유명하다. 민병갈은 생전에 매우 헌신적으로 목련을 수집했는데 그가 다른 나무보다 유독 목련을 사랑한 것은 자신의 어머니가 목련을 사랑했기 때문이다. 그는 목련을 모으면서 어머니를 생각했고, 그런 어머니에 대한 사랑 덕분에 세계적으로 유명한 식물원을 만들 수 있었다.

　사람들은 목련의 순백 이미지를 좋아한다. 하얀 꽃은 우리의 마음을 단숨에 정화시킨다. 목련이 그 어떤 나무보다 하얗게 꽃을 피울 수 있었던 것은 치열한 삶 덕분이다. 아마 목련의 속을 보면 검을지도 모른다. 목련이 하얀 꽃을 만들기 위해 얼마나 치열하게 사는지를 생각하지 않는다면 참 염치없는 사람이다. 잎보다 먼저 피는 6~9개의 꽃잎은 하늘을 향

나무
철학

하고 있다. 그러나 꽃받침은 꽃잎의 절반에 가까운 3개에 불과하다. 꽃받침이 꽃잎의 절반밖에 없으니 꽃잎이 뒤로 약간 넘어갈 수밖에 없다. 나는 나무에 달린 목련꽃을 좋아하지만 땅에 떨어진 꽃도 무척 좋아한다.

목련꽃은 다른 나무의 꽃과 다른 점이 많다. 그중에서도 잎 모양을 약간 닮은 꽃잎은 나무의 꽃 중에서도 길이가 상당히 긴 편이다. 또한 두툼한 게 중요한 특징이다. 나는 땅에 떨어진 목련의 두툼한 꽃잎을 주워서 풍선 놀이를 즐긴다. 목련꽃으로 풍선을 만드는 방법은 아주 간단하다. 떨어진 꽃잎을 주워서 꽃잎 아랫부분을 손으로 조금 잘라내고 그곳에 입을 대고 세게 불면 꽃잎이 풍선처럼 부풀어 오른다. 두툼한 꽃잎 안에 공기층이 있기 때문인데 폭신폭신한 기포들 속으로 입김이 들어가 꽃잎을 확장시킨다.

목련꽃이 진 자리에 맺는 열매를 기억하는 사람은 아마 별로 없을 것이다. 가을과 겨울에 닭의 볏을 닮은 목련 열매를 보여주면 그것이 무엇인지 묻는 사람이 많다. 한 번도 목련의 열매를 구경하지 못했기 때문이다. 목련의 열매는 꽃처럼 길다. 주황색의 열매 속에는 열매의 색깔을 닮은 주황색 씨앗이 들어 있다. 열매가 익으면서 벌어지기 때문에 쉽게 씨앗을 볼 수 있다. 가을에는 꽃봉오리가 생긴다. 그래서 겨울에도 목련의 꽃을 볼 수 있다. 우리가 목련의 하얀 꽃을 볼 수 있는 것도 꽃이 진 후에 곧장 이듬해에 피울 봉오리를 만드는 목련의 꽃농사 덕분이다. 가을에 만들어진 봉오리는 겨울 내내 햇살을 맞으면서 봄을 준비한다. 봉오리는 추위를 견디기 위해 온통 털로 덮여 있다. 맑은 겨울에 목련 아래서 하늘을 바라보면 햇살에 빛나는 봉오리 때문에 눈을 제대로 뜰 수 없다. 옛날 사

나무
철학

목련 꽃봉오리.

람들은 목련의 꽃봉오리를 목필木筆, 즉 나무 붓으로 생각했다. 꽃봉오리가 마치 붓을 닮았기 때문에 붙은 별칭이지만, 정말 멋진 이름이 아닐 수 없다.

겨울에 찬바람이 불 때 목련 아래 서서 하늘을 바라보면 목련이 봉오리로 하늘에 그림을 그리는 모습을 볼 수 있다. 목련은 바람에 흔들리면서 자신이 원하는 그림을 하늘에 대고 그린다. 이는 목련이 추위를 견디는 한 방법일지도 모른다. 추운 겨울 동안 얼지 않으려면 한없이 봉오리를 움직여야 한다. 그냥 움직이면 지겨울 테니 햇볕을 주는 하늘에 그림을 그리면 한층 고통을 줄일 수 있을 것이다. 목련꽃이 필 즈음 꽃봉오리가 어딜 향하고 있는지 보면 이 나무가 얼마나 독하게 살고 있는지를 알 수 있다. 목련은 꽃을 피울 무렵 봉오리를 햇볕이 많은 남쪽을 향해 두지 않고, 바람이 많고 햇볕이 적은 북쪽을 향해 둔다. 목련이 쉽고 편안한 삶을 택했다면 그렇게 아름다운 꽃을 만들지 못했을 것이다. 스스로를 단련시키는 목련의 눈물겨운 삶이 꽃을 빛나게 만든다.

목련을 사랑하는 사람들이 남긴 시는 아주 많지만, 명미당明美堂 이건창李建昌(1852~1898)의 시는 특히 걸작이다. 그는 물에 사는 연꽃이 수양을 통해 변한 것이 목련이라고 생각했다. 이건창에 따르면 육지에 사는 나무인 목련은 물속에 사는 풀인 연꽃의 화신化身이다. 풀인 연꽃이 어느 정도 수양하면 나무로 변할 수 있을까. 얼마나 치열하게 살면 풀에서 나무로 변할 수 있을까. 어느 한 존재가 환골탈태하는 것은 무척 어렵다. 인간을 비롯한 모든 생명체는 관성을 가지고 있기 때문이다. 관성은 한 생명체가 살아갈 수 있도록 하는 요소지만, 때론 새로운 삶을 방해하는 요소로

나무
철학

도 작용한다. 관성이 생명체가 살아가는 데 긍정적인 요소로만 작용하면 관성대로 살아가면 그만이지만, 그렇지 않는 게 문제다. 그래서 사람들은 관성을 바꾸기 위해 고민하면서 살아갈 수밖에 없다.

연꽃이 육지의 목련으로 살아가기 위해서는 무엇보다도 물의 관성에서 벗어나야만 한다. 그러나 물의 관성에서 벗어나더라도 본성까지 잃어버리면 존재할 수 없다. 따라서 연꽃이 목련으로 살아가기 위해서 가장 중요한 것은 본성을 잃지 않으면서도 관성에서 벗어나는 방법을 찾는 일이다. 연꽃은 진흙에 살면서도 아주 아름다운 꽃을 만든다. 가장 더러운 곳에서 가장 깨끗한 모습으로 탄생하는 것이 연꽃이다. 불교와 성리학에서 연꽃을 상징으로 여기는 이유이기도 하다. 멀리 갈수록 더욱 향기가 맑다는 점 또한 연꽃의 특징이다.

연꽃과 목련꽃은 닮았다. 다른 것은 몸의 구조다. 몸의 구조를 바꾸기 위해서는 꾸미는 것을 없애고, 치열하게 설법을 새로이 하는 것이 필요하다. 이 방법은 이건창이 시에서 언급한 것이지만, 나도 적극 동의한다. 모든 식물은 특별히 꾸미지 않는다. 공자가 가장 싫어했던 말은 교묘한 말과 얼굴색을 꾸미는 '교언영색巧言令色'이었다. 연꽃과 목련꽃이 아름다운 것은 치열한 삶과 꾸미지 않는 모습 때문이다. 공자가 회사후소繪事後素, 즉 "그림을 그리는 일은 흰 바탕이 있은 이후에 한다"고 했듯, 어떤 일이든 본질이 있은 연후에 꾸며야 한다.

본질을 드러내는 방법은 오직 한 가지다. 바로 본질에 대한 치열한 설법이다. 연꽃이 목련으로 바뀌기 위해서도 치열한 설법만이 유일한 방법이다. 치열한 설법은 다름아닌 깨달음의 과정이다. 연꽃이 목련으로 변

목련꽃과 연꽃.

하기 위해서 굳이 물에서 육지로 갈 필요는 없다. 만약 연꽃이 육지로 가려고 노력한다면 결국 연꽃은 육지로 가지도 못하고 죽을 것이다. 사는 장소를 옮기는 것이 환골탈태의 유일한 방법은 아니다. 장소를 옮기는 것보다 중요한 것은 마음을 바꾸는 일이다. 연꽃이 목련으로 변하려는 것은 진정 변하려는 것이 아니라 진정한 연꽃으로 살아가기 위한 몸부림이기 때문이다.

사람들은 흔히 다른 사람을 부러워하지만 그 사람이 되는 것은 현실적으로 불가능하다. 선망의 대상을 자신으로 돌리면 본질에 접근할 수 있다. 본질의 문제로 접근하지 않으면 관성에서 벗어날 수 없다. 한순간이라도 본질의 문제에서 벗어나는 순간, 다시 이전의 관성으로 돌아가는 게 관성의 법칙이다. 연꽃이 목련으로 바뀐 것은 그 자리에서 목숨 걸고 쉼 없이 본질의 문제를 고민했기 때문이다. 그래서 연꽃에서 목련의 모습을, 목련에서 연꽃의 모습을 보는 자는, 연꽃과 목련이 둘이 아니라 하나라는 것을 깨닫는 자는 진정 자신이 누구인지를 아는 존재이고, 자신이 누군지를 아는 자는 나무와 자신을 구분하지 않는다. 그런 사람은 죽은 뒤에 아름다운 꽃으로 다시 태어날 것이다.

제27장

쟁기질,
마음의 에너지를
끌어올리는 법

역易 같은 변화의 철학

　　　　사람들은 역경逆境을 이기기 위해 온
갖 방법을 동원한다. 그중 하나가 역경易經의 원리를 실천하는 것이다. 역
경의 원리는 이 세상이 '역易 같다'는 데 있다. 이 세상이 역 같기 때문에
역같이 살아야만 한다. 세상 사람들이 살기 힘든 것 중 하나도 역 같은
세상을 역같이 살지 않기 때문이다. '역'은 카멜레온처럼 상황에 따라 자
신의 몸 색깔을 바꾸는 글자다. '역'은 '나고 또 나는' 생생生生을 의미한다.
나고 또 나는, 날마다 새로운 모습이 바로 역 같은 모습이다. 나무는 대표
적으로 역같이 살아가는 존재다. 나무의 이런 모습은 특히 갈잎나무에서
확인할 수 있다. 갈잎나무는 매년 잎을 간다. 매년 잎을 갈기 때문에 성장
할 수 있다. 나무가 잎을 만들고 잎을 떨어뜨리는 과정이야말로 삶의 과정
이다.

나무의 잎은 주로 가지에서 나오지만 줄기에서 나오는 경우도 있다. 가지든 줄기든 나온 잎은 나무마다 모양이 다르다. 이 세상에 똑같은 모양의 잎을 가진 나무는 없다. 나무를 공부하는 방법 중 하나도 나무의 잎 모양을 관찰하는 것이다. 잎은 나무마다 다르기도 하지만 어릴 때와 자랐을 때의 색깔도 다르다. 나무가 매년 잎을 가는 모습은 분명 인간이 배워야 할 점이다. 나무는 변하기 때문에 사람들이 싫증내지 않고 좋아한다. 변하는 것은 때론 두렵지만 변하지 않고 살아갈 수는 없는 법이다.

　세상은 무상無常, 즉 늘 그런 모습이 아니다. 늘 변하는 것이 세상의 이치라는 것을 깨닫는 것만큼 중요한 것은 스스로 변하는 일이다. 나무가 잎을 갈면서 살아가는 모습을 보면서도 정작 자신은 변하지 않는 경우가 많다. 물든 나뭇잎을 주워 장식할 줄은 알면서도 나뭇잎이 왜 떨어지는지에 대해서는 큰 관심을 갖지 않는다. 특히 사람은 나이가 들면서 변화에 둔감해진다. 그러나 나무는 나이와 상관없이 죽을 때까지 변한다. 사람이 나이를 먹으면서 변하지 않는 것은 결국 '보수保守'를 위한 것이지만, 가만히 있는다고 지킬 수 있는 것은 아니다. 아무리 큰 가치를 지닌 것일지라도 변하지 않고서 지킬 수는 없다. 나무는 죽을 때까지 잎을 갈면서 살아가기 때문에 큰 덩치를 유지할 수 있는 것이다.

　부부 사이에 '권태기'는 위험 신호다. 권태기는 단순히 나이를 먹어감에 따라 발생하는 게 아니다. 물론 같은 공간에서 많은 시간을 함께하면 싫증이 날 수 있지만, 상대방에 대한 싫증은 늘 같은 모습을 보여주기 때문이다. 이미 미주알고주알 보여준 마당에 새롭게 보여줄 게 뭐가 있을까 싶지만, 사실 상대방이 싫증나는 건 겉모습과는 무관하다. 겉모습이야 크

나무
철학

게 달라질 수 없다. 그보다는 늘 같은 이야기, 같은 생각이기 때문에 즐겁지 않은 것이다. 나무는 만날 때마다 싫증나지 않는다. 아침에 본 나무를 점심 때 봐도, 같은 나무를 하루 종일 보고 있어도 싫증나지 않는다. 나무는 나에게 어떤 말도 건네지 않지만, 그럼에도 싫증나지 않는 것은 볼 때마다 변하기 때문이고, 그렇기에 다른 모습을 보여주는 것이다.

자주 만나면 같은 이야기를 반복할 가능성이 높아진다. 그런 시간은 재미가 없고, 재미가 없으면 매력을 느끼지 못한다. 나는 사람들과 함께 나무를 만나러 가서도 이야기 나누는 시간을 많이 갖지 않는다. 오히려 나무를 보면서 대화를 나눈다. 나무를 보면서 이야기하면 같은 내용이나 비슷한 내용을 반복해서 말할 기회가 거의 없다. 이런 상황에서는 상대방에게 싫증날 틈이 없다. 나무와 함께하는 만남은 늘 새로운 관계를 유지할 수 있고, 만날 때마다 즐거운 시간을 보낼 수 있다. 사람들은 많은 경우 자신의 이야기를 하기보다 다른 사람을 험담한다. 험담만큼 사람을 지치게 만드는 일도, 매력 없게 만드는 일도 없다. 변하지 않는 험담은 한 인간을 싫증나게 만드는 주범이다. 만나서 나무 이야기를 하면 다른 사람을 험담할 시간이 없다. 나무의 좋은 점을 이야기하기에도 시간이 부족하다.

변하는 것이 쉬운 일은 아니다. 그렇지만 힘든 일이라고 생각하지 않으면 결코 힘들지 않다. 삶 자체가 변화를 통해서 이루어지는 것인데, 그 자체를 힘들다고 한다면 이 세상에 힘들지 않은 일은 없다. 변하지 않으면 편안할 것 같지만 그렇지 않다. 변하지 않는 것은 변하는 것보다 훨씬 힘들다. 물이 고이면 썩듯이, 사람을 비롯한 모든 생명체는 변하지 않으면 죽어버린다. 나무처럼 매일매일 변해야 몸속에 무한으로 저장되어 있는 창의성을 발휘할 수 있다. 나이 든 사람이 위험에 빠지는 이유도 변화가 적어지면서 자신의 몸속에 내장된 창의성을 발휘할 수 없기 때문이다. 모든 생명체가 가진 창의성은 몸을 자극하지 않으면 그 샘이 금방 닫혀버린다. 그러므로 창의성은 나이와는 관계가 없다. 아무리 젊어도 창의성이 풍부하지 않고, 아무리 나이가 많아도 창의성이 떨어지지 않는다. 문제는 얼마나 변하는가에 달려 있을 뿐이다.

한라산이나 속리산 등지에 올라가면 높은 곳에 죽은 나무들이 서 있다. 죽은 나무들은 더 이상 새롭지 않다. 변하지 않기에 감동도 없다. 변하지 않는 자는 죽은 나무와 다를 바 없다. 변한다는 것은 혁명이다. 맹자의 역성혁명을 비롯해 수없이 일어났던 혁명의 명분은 변하지 않는 대상을 바꾸는 것이었다. 자신이 변하면 이 세상은 늘 변한다. 그러나 사람들은 자신은 변하지 않으면서 상대방이 변하길 바란다. 변화는 쉽지만 또 그만큼 어려운 것도 없다. 1초 만에 생각을 바꿀 수도 있고, 죽을 때까지 바뀌지 않는 것도 생각이다.

변화는 마음의 에너지를 끌어올리기 위한 일이다. 마음의 에너지를 끌어올리기 위해서는 끊임없는 쟁기질이 필요하다. 마음은 일종의 밭, 심전心田이다. 쟁기질하지 않는 밭은 순식간에 황폐하게 변하고 이런 땅에는 종자를 심어 수확을 기대할 수 없다. 농부들은 땅에 농사를 짓기 위해 해마다 쟁기로 땅을 갈아엎어야만 한다. 사용한 땅은 영양분이 부족하기 때문에 늘 사용하던 땅에 씨앗을 뿌리면 꽉 찬 열매를 수확할 수 없다. 알찬 열매를 수확하기 위해서는 매년 쟁기로 땅을 갈아엎어 싱싱한 흙을 만들어야 한다.

나무
철학

젊은 시절 농사를 지을 때 쟁기로 땅을 갈아엎는 작업이 무척 힘들었지만, 새로운 흙이 쟁기를 통해 올라오는 모습을 아직도 잊을 수 없다. 이는 바로 혁명이다. 쟁기질로 올라오는 싱싱한 흙냄새는 정말 맛있다. 곡물이 농부의 발자국을 듣고 자라듯이, 종자는 싱싱한 흙냄새를 맡고 싹을 만든다. 그러나 매년 소를 이용한 쟁기질로 흙을 갈아엎는 일은 정말 힘들었다. 지금이야 성능이 뛰어난 트랙터로 쉽게 할 수 있지만, 마음의 밭은 트랙터처럼 쉽게 갈아엎을 수 없다. 마음의 밭을 갈아엎는 일은 아주 간단한 도구로 쉼 없이 힘든 작업을 거쳐야 가능하다. 대신 모두가 예외 없이 같은 도구를 사용할 수밖에 없다는 점에서 공평하다. 아무리 돈이 많은 사람도 뛰어난 도구를 살 수 없고, 아무리 가난한 사람도 마음의 밭을 갈아엎을 때 사용할 도구만은 살 수 있기 때문이다.

마음의 변화를 생각할 때마다 중국 당나라 혜능 선사의 '풍번문답風幡問答'을 떠올린다. 어느 날, 스님 두 분이 바람에 깃발이 흔들리는 모습을 보고 서로 논쟁을 벌였다. 한 스님은 깃발이 흔들린다고 하고, 다른 한 스님은 나무가 흔들린다고 하면서 서로 자신의 입장을 굽히지 않았던 것이다. 길을 가던 혜능 스님이 이 모습을 보고 "에끼, 깃발도 나무도 흔들리지 않고 자네들 마음이 흔들리는 것이야"라고 일갈하고 가던 길로 멀어졌다. 모든 것이 마음의 작용이라는 '일체유심조一切唯心造'를 상기하지 않더라도 자신을 새롭게 하기 위해서는 마음의 변화가 무엇보다도 우선이다.

마음의 창의성을 쟁기질하는 것은 곧 생태적인 삶이다. 생태적인 삶은 여러 가지 면에서 불편하지만, 사람을 진정으로 살아 숨 쉬게 한다. 생태적인 삶이 불편하게 느껴지는 이유는 지금까지의 삶과 다르기 때문이

계절에 따른 나무의 변화. 여름, 가을, 겨울.

다. '생태eco'는 '더불어 삶'이다. 더불어 삶은 생명체 간의 평등한 관계 속에서 이루어진다. 그러나 그동안 사람들은 다른 생명체를 평등한 관계로 인식하지 않았다. 나무와 풀인 식물만 하더라도 사람과 같은 생명체로 여기지 않고, 단순히 인간을 위해 존재하는 것 정도로 생각했다. 내가 그동안 나무를 한 그루 한 그루 세어본 것도 나무를 생명체로 보려는 시도였다. 모든 생명체의 가치가 동등하다는 생각이 바로 생태의식이지만, 이는 인간이 존재하기 위한 반성에 지나지 않는다. 인간의 이러한 반성은 결국 인간이 다른 존재와 더불어 살지 않고서는 살아남을 수 없다는 간단한 법칙에 대한 이해에 지나지 않는다. 사람들은 그동안 교과서를 통해 인간을 '만물의 영장'으로 알면서 살아왔다. 그러나 이 세상에 존재하는 모든 생명체는 그 누구를 위해 존재하는 것이 아닐 뿐 아니라 그 누구도 다른 존재를 지배할 수 없다. 지배하는 순간, 그 존재는 살아남을 수 없게 된다. 만약 더불어 살지 않고 자신보다 약하다고 생각하는 생명을 죽인다면 결국 그 자신 역시 살아남을 수 없다. 그동안 인간이 스스로를 만물의 영장이라고 착각하면서 지구상의 수많은 생명체를 죽인 결과, 개체 수가 줄면서 위기를 맞고 있다는 사실을 기억한다면, 개체 수 감소로 밀림의 사자가 살아남지 못하고 죽어가는 장면을 기억한다면, 생태적인 삶이 얼마나 중요한지를 깨달을 것이다.

생태적인 삶은 지금까지 살아온 방식과 결별하는 과정이다. 지금까지는 아주 오랜 기간 비생태적인 삶을 통해 행복을 추구해왔다. 생태적인 삶이 미래를 밝게 한다는 사실을 깨닫는 데는 엄청난 시간이 걸렸다. 그래서 그 삶을 실천하면서 살아가는 일 역시 많은 시간이 필요할지도 모른

나무
철학

다. 더욱이 불편과 고통이 뒤따를 것이다. 그러나 크게 걱정할 필요는 없다. 생태적인 삶은 생각하기에 따라 아주 간단하기 때문이다.

한국처럼 가족 관계를 중시하는 사람들은 생태적인 삶이 크게 어렵지 않다. 우리의 몸속에는 생태적인 삶을 살 수 있는 유전자가 자리잡고 있다. 화목한 가족 관계를 행복의 원천이라 여기는 것처럼, 다른 생명체도 가족이라 생각하면 얼마든지 편하게 관계를 맺을 수 있다. 그러나 내 가족만 생각해서는 편안한 삶을 지속할 수 없다. 유교에 입각한 한국의 가족 관계는 기본적으로 차별적인 사랑을 중시하기 때문에 생태적인 삶과는 좀 거리가 있다. 태어나면 일정 기간 부모와 살다가 출가하여 살아야 하듯이, 다시 낯선 존재들과 만나서 익숙한 관계를 만들어야 한다. 나무도 자신이 만든 열매를 가능한 한 먼 곳으로 보내야 살아남는다. 자식을 멀리 보내면 누군들 마음 아프지 않을까. 그러나 아프다고 멀리 보내지 않으면 영원히 아플 것이고 멀리 보내면 잠시 아프면 그만이다. 생태적인 삶역시 잠시 불편할 뿐이다. 이제 생태적인 삶은 선택이 아니라 필수다.

제28장

위기를
극복하는
나무의 지혜

—
뿌리의 철학

　　　　　　　　　　　모든 생명체는 살면서 위기를 맞는
다. 문제는 위기를 어떻게 극복하느냐다. 위기는 자신의 능력과 밀접한 관
계가 있는 경우도 있고, 그렇지 않은 경우도 있다. 그러나 위기의 극복은
능력과 밀접하게 관계되어 있다. 생명체들의 위기는 각각 처한 사정에 따
라 성격이 다를 것이다. 따라서 위기를 극복하는 방법도 생명체마다 다를
수밖에 없다. 나무도 살면서 자주 위기를 맞는다. 그러나 나무는 움직일
수 없기에 위기를 극복하는 방법이 동물과는 다르다.

　나무는 한곳에 뿌리를 내리고 살아가는 존재다. 나무에 따라 다르지
만 어떤 나무는 5000년 이상을 한곳에서 살아간다. 그렇게 긴 시간 동안
얼마나 많은 위기를 만나는지는 가늠하기조차 어렵다. 나는 뿌리를 통해
서 나무의 삶의 방식을 이해한다. 물론 모든 나무의 삶을 직접 볼 수는 없

기에 뿌리를 통해서 모든 걸 알 수는 없다. 다만 주변의 적잖은 나무들의 뿌리를 직접 보는 건 어렵지 않다. 나는 평소 나무를 만날 때 뿌리가 밖으로 나와 있는지를 살피는데 의외로 뿌리가 밖으로 나온 나무를 자주 만날 수 있다. 그러나 큰 관심을 갖지 않고 지나치면 나무의 뿌리가 밖으로 나와 있는지를 모른다.

밖으로 나온 뿌리를 계속 밟고 다니면 나무의 생명이 빠르게 단축된다. 요즘 많은 사람이 숲에 관심을 갖게 되면서 숲을 통한 각종 프로그램이 유행처럼 번지고 있다. 그 덕분에 숲해설사들의 역할도 한층 늘어났다. 그런데 한 가지 아쉬운 것은 숲에 대한 철학이 부족하다는 점이다. 철학은 다른 게 아니라 숲을 생명으로 인식하는 것이다. 그러나 숲해설사조차도 나무를 생명으로 여기기보다는 그저 자신의 일로 생각하면서 활동하는 경우가 적지 않다. 생태 관련 활동은 가장 진보적인 실천이다. 산에 올라 나무의 뿌리에 눈길을 주는 이유는 나무를 생명체로 바라보기 때문이다. 뿌리를 자세히 보면 나무의 삶이 전부 보인다. 나무의 뿌리는 곧 근본根本이고, 모든 생명체는 근본을 유지해야만 생존할 수 있기 때문이다.

나무의 뿌리가 밖으로 나온 이유는 여러 가지가 있지만, 나무는 스스로 그 원인을 찾지 못한다. 그러나 자신의 뿌리가 밖으로 나왔다는 사실은 분명히 알 수 있다. 나는 나무의 뿌리가 밖으로 나온 것을 볼 때마다 나무의 심정이 궁금하다. 뿌리가 밖으로 나왔을 때 얼마나 불안했을까. 사람도 엄마의 품에서 벗어나 처음 사회에 진출할 때 불안에 떤다. 더욱이 나무는 자신의 근본이 땅 밖으로 나와버린 셈이니 그 심정은 아마도 어린 나이에 부모를 잃은 것과 같지 않을까. 나무는 사람과 달리 밖으로

나무
철학

나온 뿌리를 보호해줄 부모나 친구도 없다. 오히려 사람이나 동물의 방해를 받을 뿐이다. 나무는 뿌리가 땅 밖으로 나오는 순간 절체절명의 위기를 맞는다.

밖으로 드러난 나무의 뿌리를 볼 때 가장 먼저 뿌리가 어느 방향으로 뻗었는지를 살핀다. 뿌리의 방향은 나무의 역사를 가늠할 수 있는 중요한 잣대다. 나무가 땅에서 뿌리를 내려 몸이 땅 위로 올라오면 햇볕을 먹고 위로 자란다. 그러나 인생도 그렇듯이 나무가 땅 위로 올라오면 생각처럼 살아갈 수 없다. 올라오는 순간부터 많은 장애를 만난다. 때로는 자신보다 먼저 태어난 나무의 가지 때문에 햇볕을 마음대로 먹을 수 없고, 때로는 자신의 옆에 다른 나무가 살고 있어서 터전이 좁아 몸을 가눌 수 없다. 이런 경우 곧게 위로 자랄 수 없어서 부득이하게 몸을 틀어야 한다. 산에 살고 있는 나무를 보면 대부분 곧게 자라지 못하고 옆으로 굽은 것을 볼 수 있다. 물론 경상도 지역의 소나무는 토양 때문에 분재형의 나무, 즉 '안강형'이 탄생하기도 하지만, 소나무 중에는 토양과 관계없이 주변의 나무나 지형 때문에 몸을 굽혀서 살아갈 수밖에 없는 경우가 많다. 나무는 이러한 악조건을 극복하기 위해 몸을 비틀면서 동시에 뿌리의 방향도 바꾼다.

나무의 몸과 뿌리의 방향은 반비례한다. 즉 대부분의 뿌리는 나무의 몸이 기우는 방향과 반대로 뻗는다. 그 이유는 무엇일까. 균형을 잡기 위해서다. 방향만큼 굵기도 중요하다. 밖으로 나온 뿌리를 잘 살피면 굵기가 각각 다르다는 걸 알 수 있다. 나무의 뿌리는 위기의 정도에 비례한다. 즉 심한 위기가 닥칠수록 굵은 뿌리를 많이 만든다. 그래야만 바람에 쉽

몸의 방향을 틀어 자란 나무.

게 넘어지지 않고 몸을 유지할 수 있기 때문이다. 나무를 만나면 과연 뿌리가 어떤 방향으로, 어느 정도까지 뻗었는지 궁금해진다. 뿌리가 꼭 밖으로 나와 있지 않더라도 어느 정도까지 뻗었는지는 짐작할 수 있다. 나무는 스스로 균형을 잡을 수 있을 만큼의 뿌리를 만들기 때문이다. 그래서 어떤 나무는 뿌리를 아주 길게 만들지만, 어떤 나무는 길게 만들지 않는다. 같은 종류의 나무라도 삶의 조건에 따라 뿌리의 길이는 다르다.

나는 땅 밖으로 나온 뿌리의 방향은 물론 밖으로 나온 뿌리가 어떤 모습인지에 대해 한층 많은 관심을 갖는다. 뿌리의 방향보다 중요한 것은 밖으로 나온 뿌리가 어떻게 몸을 유지할 수 있는가 하는 문제다. 나무의 뿌리가 땅 밖으로 나온 뒤부터는 몸을 유지하기가 아주 어렵다. 그래서 나무는 뿌리가 드러나는 순간부터 넘어지지 않기 위한 방법을 찾는데, 이는 밖으로 나온 뿌리를 횡으로 감싸는 또 다른 뿌리를 만드는 것이다. 동식물학에서는 이러한 현상을 '자기수용성 감각自己受容性感覺, proprioceptive sense'이라 부른다. 자기수용성 감각은 이른바 육감六感에 해당한다. 인간은 오감(시각·청각·후각·미각·촉각)도 중요하지만 육감도 아주 중요하다. 자기수용성 감각은 한마디로 사람을 비롯한 동물이 쓰러지지 않고 다닐 수 있도록 해주는 균형 감각이다. 그러니 이 감각이 얼마나 중요한가.

뿌리를 고정시키는 작업에 몰두하는 나무를 상상해보라. 나는 산길에서 나무가 자기수용성 감각을 위해 노력하는 모습을 보느라 거의 발걸음을 옮기지 못한다. 나무의 그런 모습을 보고 또 보면서 감탄을 넘어 감동하지 않을 수 없다. 산비탈에 서 있는 나무들이 비바람에도 쓰러지지 않고 오래 살아갈 수 있는 것도 바로 자기수용성 감각 덕분이다. 나무의

뿌리를 보면 삶에서 자기를 수용하는 자세가 얼마나 중요한지를 깨닫는다. 특히 균형은 지도자라면 반드시 지녀야 할 최고의 덕목이다. 균형 잡힌 사고와 판단을 할 수 있는 자만이 조직을 이끌 수 있다.

공자가 평생 화두로 삼은 것은 인仁이지만, 삶의 태도에서 가장 중요하게 생각한 것은 중용中庸이었다. 중용은 그 어디에도 치우치지 않는 상태를 말한다. 그러나 중용은 가운데가 아니다. 가운데를 의미하는 한자 '중中'에는 '적중的中'도 포함되어 있는데, 중용의 '중'은 바로 적중이다. 어떤 일이든 핵심에 적중시키는 능력이 바로 중용의 정신이다. 중용은 불교의 중도中道와 같은 의미다. 이처럼 자기수용성 감각은 인간이 추구하는 최고의 경지와 닮았다. 나무가 인간에게 존경받는 이유도, 내가 나무를 스승으로 삼고 있는 이유도 바로 자기수용성 감각을 가장 잘 발휘하고 있기 때문이다.

누구나 자기수용성 감각을 죽을 때까지 발휘하고 싶어한다. 그러나 실천하는 사람은 많지 않다. 그 이유는 간단하다. 초심과 집중력을 잃어버리기 때문이다. 나무는 뿌리가 땅 밖으로 나오는 순간부터 죽을 때까지 자기수용성 감각을 위해 모든 것을 바친다. 그러나 사람은 위기를 만나면 그 당시에는 자기수용성 감각을 발휘하지만 시간이 지나면 금방 이를 잃어버린다. 대신 그 자리에 오만과 나태가 뿌리를 내린다. 나무의 근본이나 사람의 근본은 같은 의미지만, 나무는 평생 근본을 잊지 않는 데 반해 인간은 위험에 놓였을 때만 근본을 생각한다는 사실이 다르다. 자기수용성 감각을 죽을 때까지 유지할 때 한 존재는 온전히 생존할 수 있다. 특히 사람은 나이가 들수록 육체적으로나 정신적으로 자기수용성 감각을 잃어버린다. 그러나 자기수용성 감각은 반드시 나이에 비례하지 않는다. 젊은 사람들 중에서도 정신적으로 자기수용성 감각이 떨어지는 사람이 아주 많다. 자기수용성 감각을 유지하지 못하는 사람은 사회생활도 결코 쉽지 않을 것이다. 우리나라의 밝은 미래를 위해서는 근본을 잃지 않는 균형 감각의 회복이 무엇보다 시급한 상황이다.

나무
철학

許愼, 段玉裁 注, 『說文解字』, 上海: 上海古籍出版社, 2001

『南華經(乾)』, 학민출판사, 1993

『南華經(坤)』, 학민출판사, 1993

金學主 譯著, 『古文眞寶後集』, 明文堂, 1991

成百曉 譯註, 『孟子集註』, 傳統文化研究所, 1991

──────, 『論語集註』, 傳統文化研究所, 1999

──────, 『大學·中庸集註』, 傳統文化研究所, 2002

──────, 『心經附註』, 傳統文化研究所, 2003

梁芳雄 集解, 『초간 노자』, 예경, 2003

龍樹菩薩 著, 靑目 譯, 鳩摩羅什 漢譯, 김성철 역주, 『中論』, 경서원, 2001

주희朱熹·여조겸呂祖謙 편저, 엽채葉采 집해, 이광호 역주, 『근사록집해Ⅰ』, 아카
넷, 2004

──────, 『근사록집해Ⅱ』, 아카넷, 2004

대니얼 샤모비츠, 『식물은 알고 있다』, 이지윤 옮김·류충민 감수, 다른, 2013

나무철학

ⓒ 강판권 2015

1판 1쇄	2015년 7월 27일
1판 5쇄	2019년 7월 5일
지은이	강판권
펴낸이	강성민
편집장	이은혜
편집	곽우정
마케팅	정민호 정현민 김도윤
홍보	김희숙 김상만 이천희 오혜림
펴낸곳	(주)글항아리
출판등록	2009년 1월 19일 제406-2009-000002호
주소	10881 경기도 파주시 회동길 210
전자우편	bookpot@hanmail.net
전화번호	031-955-1936(편집부) 031-955-8891(마케팅)
팩스	031-955-2557
ISBN	978-89-6735-227-1 03100

글항아리는 (주)문학동네의 계열사입니다.

이 도서의 국립중앙도서관 출판예정도서목록(CIP)은 서지정보유통지
원시스템 홈페이지(http://seoji.nl.go.kr)와 국가자료공동목록시스템
(http://www.nl.go.kr/kolisnet)에서 이용하실 수 있습니다.
(CIP제어번호: CIP2015017203)